教你传承家庭财富

信托设立指南

马红海 著

法律出版社 | LAW PRESS
北京

图书在版编目(CIP)数据

教你传承家庭财富：信托设立指南／马红海著. --
北京：法律出版社，2024
ISBN 978-7-5197-8706-6

Ⅰ. ①教… Ⅱ. ①马… Ⅲ. ①家族－私营企业－信托投资－中国－指南 Ⅳ. ①F832.49-62

中国国家版本馆 CIP 数据核字（2024）第 017503 号

教你传承家庭财富:信托设立指南
JIAO NI CHUANCHENG JIATING CAIFU: XINTUO SHELI ZHINAN

马红海 著

策划编辑 陈 妮
责任编辑 陈 妮
装帧设计 鲍龙卉

出版发行 法律出版社
编辑统筹 法治与经济出版分社
责任校对 王 丰
责任印制 吕亚莉
经 销 新华书店

开本 710 毫米×1000 毫米 1/16
印张 18.75 字数 354 千
版本 2024 年 4 月第 1 版
印次 2024 年 4 月第 1 次印刷
印刷 固安华明印业有限公司

地址:北京市丰台区莲花池西里 7 号(100073)
网址:www.lawpress.com.cn
投稿邮箱:info@lawpress.com.cn
举报盗版邮箱:jbwq@lawpress.com.cn

销售电话:010-83938349
客服电话:010-83938350
咨询电话:010-63939796

书号:ISBN 978-7-5197-8706-6
定价:88.00 元

凡购买本社图书,如有印装错误,我社负责退换。电话:010-83938349

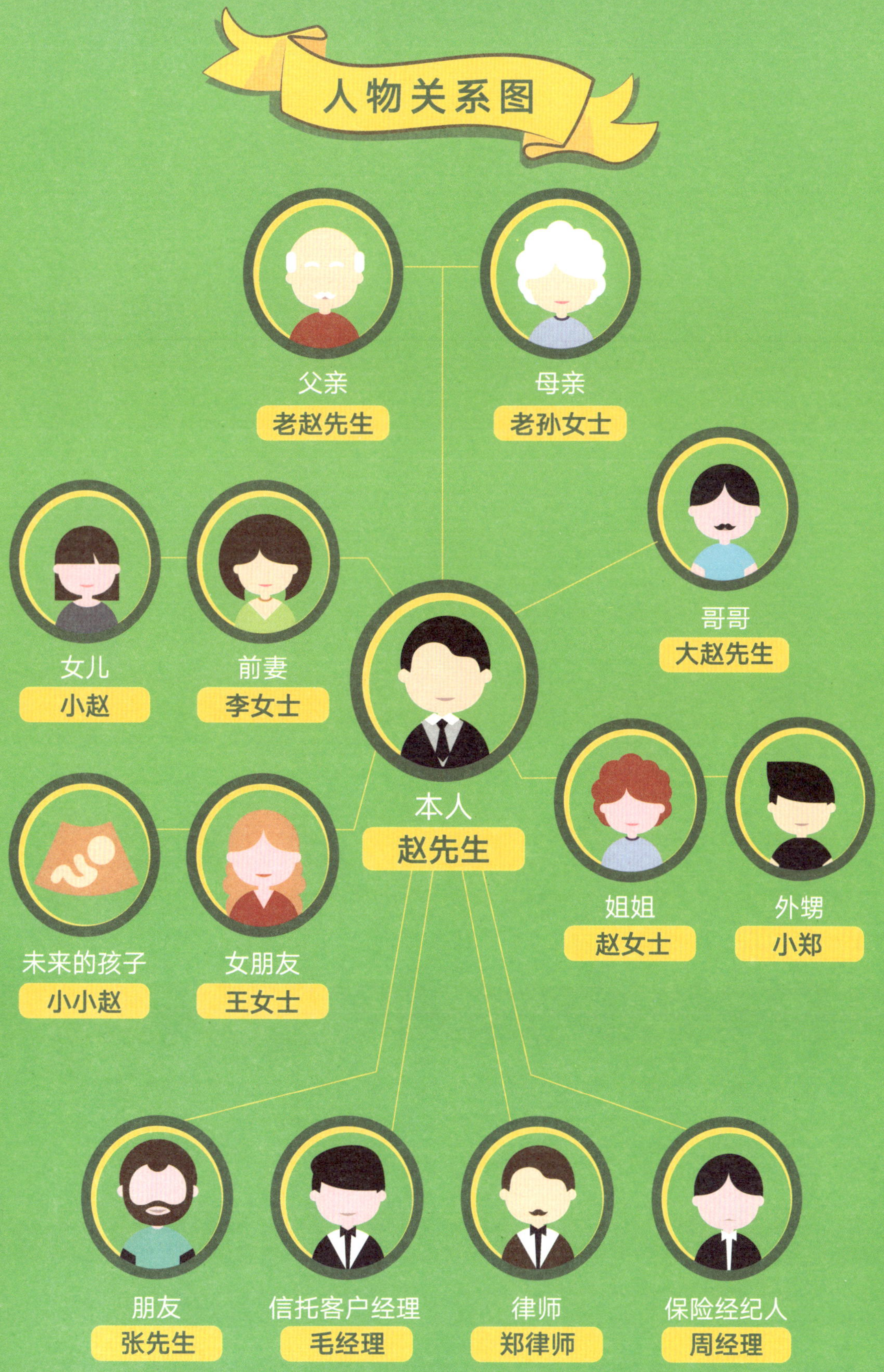
人物关系图
父亲
老赵先生
母亲
老孙女士
哥哥
大赵先生
女儿
小赵
前妻
李女士
本人
赵先生
姐姐
赵女士
外甥
小郑
未来的孩子
小小赵
女朋友
王女士
朋友
张先生
信托客户经理
毛经理
律师
郑律师
保险经纪人
周经理

序

随着我国经济的蓬勃发展和个人财富的积累,家庭财富传承日益重要。对于大多数中国家庭来说,如何在法律范围内有效管理和传承财富是一个挑战。信托,作为一个在世界范围内广泛使用的财富管理和传承工具,在我国普及度还不够广泛。因此,编写一本面向广大信托设立人的实操指南,解析信托的操作流程和注意事项,具有重要的现实意义。

现有的信托领域书籍,或高深让初学者望而却步,或过于浅显无法满足实操需求。我们需要一本不仅能够帮助读者理解信托基础知识,也能指导他们如何实际操作、如何用信托实现财富传承的实用指南。

作为一名深耕信托领域的专业人士,我有幸见证了10年以来家族信托在我国的发展。在2013年,客户问得最多的问题是“信托是否保本保收益”,信托往往被当成一种理财产品。而如今,人们开始更多地关注信托的功能价值,比如“信托是否能实现资产保护与传承作用”。这些问题的普遍性激发了我写这本书,我希望为大家提供一些有益的指导和帮助。

本书理论与实操并重,旨在帮助读者快速理解并掌握信托的使用。本书围绕赵先生、父母老赵先生和老孙女士、哥哥大赵先生、姐姐赵女士、前妻李女士、女儿小赵、女朋友王女士、未来的孩子小小赵、外甥小郑以及朋友张先生、信托客户经理毛经理、律师郑律师、保险经纪人周经理的故事展开,对常见信托设立人(委托人)关心的问题进行专业解答,有故事、有场景。本书就像一份体验地图,从设立人想设立信托的初步知识到设立前需要做什么、信托存续期间须注意什么、信托终止后如何处理等一系列问题,通过问答方式将设立信托“从生到死”以完整展示。

本书的创新之处在于故事性、通俗性、实用性和可操作性。通过深入浅出的解释和具体例子,本书旨在帮助读者从零开始理解信托,学习如何用信托工具进行财富管理和传承,让这个看似复杂的工具变得简单、亲切和实用。

本书分为六个篇章,分别是信托功能篇、信托类型篇、信托主体篇、信托管理篇、家族治理篇和经验分享篇,涵盖信托全方位的知识。

在信托功能篇,我们将初识信托,探讨家族信托的基本功能,包括资产隔离保护、财富传承、保密性等,以及家族信托的独特制度价值。此外,我们还将讨论在何种情况下信托可能会被撤销、无效。

在信托类型篇，我们将了解各种常见类型的信托，包括可撤销信托、不可撤销信托、慈善信托、离岸信托、遗嘱信托等，以及民事信托和营业信托的分类。我们将探讨这些信托类型的特点和适用场景，帮助读者理解不同业务类型的划分。

在信托主体篇，我们将聚焦于信托中的各方主体，包括委托人（设立人）、受益人、受托人。我们将讨论他们的权利、义务以及如何选择合适的受托人，以确保信托的有效管理和执行。

在信托管理篇，我们将深入探讨信托管理的各个方面，包括信托的设立流程、费用、利益分配方案、投资管理、风险控制等。我们将提供实用的指导和建议，帮助读者更好地管理信托财产。

在家族治理篇，我们将探讨家族信托在家族治理中的作用，包括家风文化的建立，以及家族信托与家族办公室的关系。

最后，在经验分享篇，我们将分享一些在进行财富管理规划时的心得，以及家庭财富传承过程中的常见风险等。

在撰写本书的过程中，我深感责任重大。信托作为一种复杂的法律制度，涉及诸多法律法规和实务操作。为了确保内容的准确性和实用性，我查阅了大量的法律法规，并结合自己的丰富经验。尽管如此，书中仍可能存在疏漏和不足，敬请读者朋友们批评指正。需要注意的是，法律讲究“具体问题具体分析”，如有家庭财富信托设立需要，建议咨询专业人士处理。

无论您是从事财富管理的专业人士，还是对信托感兴趣的读者，本书都能为您带来收获和启发。本书将成为人们在家庭财富传承中不可或缺的参考书。

最后，让我们一同开启这段探索信托的旅程，揭开其神秘面纱，共同见证信托在财富管理与传承中的力量和价值。

马红海

2024 年 3 月于北京

目录

CONTENTS

信托主体篇

经验分享篇

信托功能篇

揭开家族信托的神秘面纱

近年来赵先生总听身边朋友谈论家族信托，也在新闻里看到过一些报道，他好奇家族信托究竟是什么？

专业解析

要理解家族信托，我们需要对信托有个基本概念。

◉ 信托初印象

当提到信托，你会想到什么呢？信托公司的一种金融产品？但实际上，信托不仅是资产管理产品，它在不同语境下有着不同的含义。信托可以指信托制度、信托法律关系、信托行业、信托公司、信托产品或信托行为。

信托历史悠久，可以上溯至古埃及、古罗马时期。近代信托制度发源于英国。我国古代义庄、族田制度也体现了信托的内涵。

根据我国现行法律规定，信托是指委托人基于对受托人的信任，将其财产权委托给受托人，由受托人按委托人的意愿以自己的名义，为受益人的利益或者特定目的，进行管理或者处分的行为。①

◉ 家族信托是什么

家族信托并不是一个严格的法律概念，而是信托制度在应用领域中的一种业务类型。

信托公司的信托业务可以根据信托目的、信托成立方式和信托财产管理内容进行分类，分为资产服务信托、资产管理信托、公益慈善信托三大类。家族信托属

---

① 《中华人民共和国信托法》（以下简称《信托法》）于 2001 年 10 月 1 日施行，第 2 条对信托进行了定义。

于资产服务信托中的财富管理服务信托。①

根据当前的监管规定，家族信托是指信托公司接受单一自然人委托，或者接受单一自然人及其亲属共同委托，以家庭财富的保护、传承和管理为主要信托目的，提供财产规划、风险隔离、资产配置、子女教育、家族治理、公益慈善事业等定制化事务管理和金融服务。家族信托初始设立时实收信托应当不低于1000万元。受益人应为委托人或者其亲属，但委托人不得为唯一受益人。家族信托涉及公益慈善安排的，受益人可以包括公益慈善信托或者慈善组织。单纯以追求信托财产保值增值为主要信托目的、具有专户理财性质的信托业务不属于家族信托。

具体来说，家族信托包括以下几点特征：

- **委托人限制**

家族信托的委托人只能是自然人，可以是一人或多人。例如，假设赵先生想设立家族信托，他本人可以作为信托的委托人。如果他已婚，他和配偶可以共同作为信托的委托人。

- **信托目的**

家族信托的目的在于保护、传承和管理家庭财富，而不仅仅是追求财产保值增值。如果赵先生的目标是追求财富增值，那么家族信托可能并不适合他。

- **管理与处分**

家族信托涉及定制化的事务管理和金融服务。根据信托的具体情况，可以定制事务管理内容，这些内容可能包括账户管理、估值、利益分配、信息披露、清算等。信托业在我国属于金融行业，在对信托财产进行保值增值管理过程中，涉及金融服务。关于信托财产管理运用方式，将在后续章节进行具体介绍。

- **起始规模要求**

家族信托初始设立时的实收信托规模不低于1000万元，门槛较高。

- **受益人要求**

家族信托要求委托人不能是唯一受益人，受益人应当为委托人或其亲属。例如，如果赵先生设立家族信托，他本人可以作为受益人，但不能是唯一受益人；他的

① 2018年8月，原中国银保监会信托监督管理部发布的《关于加强规范资产管理业务过渡期内信托监管工作的通知》（信托函〔2018〕37号）首次对家族信托进行了官方定义。2021年1月，《中华人民共和国民法典》正式实施，强调了对私有财产的保护，明确了自然人可以依法设立遗嘱信托，对家族信托的发展具有重要意义。2023年6月1日生效的《中国银保监会关于规范信托公司信托业务分类的通知》（银保监规〔2023〕1号）明确了信托公司信托业务分类。

子女、父母等可以作为受益人。

- **慈善安排**

家族信托可以涉及慈善安排，受益人可以包括慈善信托或慈善组织。这可以让委托人在关注自身家族的同时，也为社会作出贡献。

◉ 掌握信托的三大核心价值

我们可以从以下几个角度理解信托制度的核心价值：

- **财产管理与转移制度**

信托是以信托财产为中心的制度。设立人作为委托人是信托财产的提供者，他们依法将财产转移给受托人，由受托人按照委托人的意愿，为受益人的利益或特定目的而管理信托财产。在这个关系中，委托人是“给钱”方，受托人是“管钱”方，受益人是“获益”方。例如，如果赵先生通过信托公司设立家族信托，并将女儿小赵作为受益人，那么他就是委托人，信托公司是受托人，女儿小赵是受益人。通过这种方式，赵先生可以根据自己的意愿，将财产有计划地传承给女儿小赵。

- **延续意愿**

受托人按照委托人的意愿，以自己的名义管理信托财产，可以使委托人的意愿得以延续。借助信托，委托人的意愿可以传承至后代，甚至传承数代，超越个人生命周期。相比之下，如果使用遗嘱来安排财产分配，那么可能无法有效防止后代的挥霍。通过设立信托，设立人可以设定财产分配规则，确保资产按照既定规则传承给想要传承的人，并约束财产的使用条件。例如，赵先生可以设定财产的分配时间、金额，或附加条件，如小赵考取大学或创业后，才可以领取一定金额财产，从而通过财产分配来影响和约束后代行为，实现他的意愿。

- **风险控制措施**

信托是一种受法律保护的制度，具有风险控制的功能。信托独特的法律结构实现了“信托财产所有权与信托受益权的分离”，这种资产隔离效果是信托的特色，也是信托作为风险隔离和财产保全工具的原因。然而，需要注意的是，信托并非法外之地，不能用作实现非法目的、逃废债的工具。比如，赵先生居安思危，在经济状况良好时设立了家族信托，后来遇到经济困境，债权人希望以信托财产来偿还债务，但信托财产的所有权归受托人，并不是赵先生个人的。只要信托设立合法合规，法律上就会保护信托的稳定性和信托受益人的利益，而不是设立人债权人的利益，从而达到财产风险隔离的效果。当然，如果赵先生设立信托的初衷就是为了逃避债务，侵害债权人利益，那么债权人是有权撤销信托的，无法起到财产风险隔离效果。

总之，信托是一种涉及“给钱”的安排，可以按照委托人的意愿，在特定时间、条件下将财产传承给指定的受益人。同时，信托是一种法律架构，体现并延续了委托人意愿。在某些情形下，信托可以免受委托人、受益人生老病死、婚变、债务/破产影响，因此信托也可以作为一种风险控制措施和问题解决方案。

马律师专业提示

了解信托制度的基本特征后，我们可以看出，家族信托是信托制度在财富管理领域的一种应用，主要以家庭财富的保护、传承和管理为主要目的，涵盖了财产规划、风险隔离、资产配置、子女教育、家族治理、公益慈善等多个方面的需求。对于赵先生而言，他可以选择家族信托来为家人创造更多价值。

在选择设立家族信托时，赵先生可以制订一个详细的家族信托计划。首先，他可以明确设立家族信托的目的，例如保护家庭财富、实现代际传承、支持家族成员的教育和创业等。其次，他可以确定受益人，即享受信托财产利益的家族成员，比如子女、孙子孙女等。对于家族信托的运作，赵先生可以制定信托规则，比如设定信托财产的投资范围和管理方式，设定受益人享受收益的时间和方式，以及设定信托的终止条件等。这些规则可以根据家庭的具体情况和需求进行定制，以达到最优的财富管理效果。此外，赵先生还可以在家族信托中加入慈善成分，将一部分信托财产用于慈善事业（如教育、医疗、环保等慈善项目），为社会作贡献。

家族信托与集合资金信托计划有何异同

赵先生之前曾买过信托产品，比如房地产信托产品、证券投资信托产品等，他想知道信托公司管理的家族信托与他买过的此类信托有什么区别？

专业解析

赵先生买过的信托产品应该是信托公司发行的集合资金信托计划，这类信托产品属于资产管理信托，俗称“理财型信托”。家族信托则属于财富管理服务信托，是一种资产服务信托。这两种信托业务有着显著区别，其差异主要体现在以下几个方面：

◉ 适用规则的差异

家族信托属于财富管理服务信托，主要目的是财富保护和传承。集合资金信托计划则属于资产管理信托，主要目的是资产保值增值，也就是投资理财。资产管理信托受资管新规[①]的约束。家族信托则不适用资管新规，因此在资金运用方面更加灵活，既可以购买理财产品，也可以参与私募股权投资等，当然具体投资方案需要结合项目情况确定。

◉ 设立方式的不同

家族信托并非信托公司作为受托人发起设立的资产管理产品，不涉及向投资者募集资金的行为。相反，集合资金信托计划是信托公司向投资者非公开募集资金的。二者业务发起、设立方式是不同的。所以说“从信托公司买了一个家族信托”“将自己的钱投资到其他人的家族信托”等都是不准确的。

---

① 2018年4月，为统一同类资产管理产品监管标准，有效防控金融风险，中国人民银行、原中国银行保险监督管理委员会、中国证券监督管理委员会、国家外汇管理局联合发布了《关于规范金融机构资产管理业务的指导意见》（银发〔2018〕106号），一般简称为资管新规。

◉ 信托目的的差异

家族信托以家庭财富的保护、传承和管理为主要信托目的，集合资金信托计划以资产保值增值为主要目的。在信托财产为资金类的情况下，二者有时不容易进行区分，因为家族信托同样涉及对信托财产的管理运用，而这也是信托金融服务的体现。但此时，不能因为家族信托对财产的管理运用，就认定家族信托属于资产管理信托，而需要结合委托人真实意图进行判断。家族信托等财富管理服务信托的主要目的并非最大限度赚取投资收益。通常来说，该类信托委托人风险承受能力较低，投资管理偏稳健。

◉ 信托受益人范围不同

按委托人与受益人是否为同一人，可以将信托分为自益信托与他益信托。委托人和受益人为同一人的，是自益信托；委托人和受益人非同一人的，是他益信托。这里的“人”，并非专指自然人个人，包括自然人、法人和其他组织。

信托公司管理的家族信托的受益人包括委托人本人、家族成员、慈善组织等，可以为“自益+他益”，但不得为纯自益。家族信托可以设置信托受益人顺位、同一顺位多个受益人不同受益比例等，可以实现跨代财富传承。集合资金信托计划则是自益信托，也就是委托人为唯一受益人。可见，两者在受益人范围上存在明显差异。

◉ 信托规模门槛的不同

家族信托的资金门槛要高于集合资金信托计划。信托公司管理的家族信托门槛为1000万元以上，集合资金信托计划投资门槛则按产品类型分为30万元、40万元和100万元，通常100万元情况居多。需要注意的是，根据目前监管规定，财富管理服务信托除了家族信托，还包括家庭服务信托、保险金信托、特殊需要信托、遗嘱信托、其他个人财富管理信托和法人及非法人组织财富管理信托等6个业务品种。财富管理服务信托的每个细分业务品种具体要求、适用条件、规模门槛等有所不同，业务门槛有低于1000万元的，比如更适合普通家庭的家庭服务信托。具体可结合自身需求成立财富管理服务信托。

◉ 信托期限的不同

家族信托的期限一般要长于集合资金信托计划。家族信托主要结合信托目的设置,期限相对较长,一般 5 年以上,几十年居多,甚至还有永续期限的信托。集合资金信托计划期限则一般为 1 年到 3 年居多。二者期限不同,需要考虑的事项自然也会有所不同。

◉ 初始信托财产类型不同

集合资金信托计划的初始信托财产仅为资金,而家族信托的信托财产种类更丰富,资金、非资金类资产均可作为信托财产,常见的有保单权益、股权、不动产、金融产品份额等。

◉ 服务内容不同

家族信托主要是提供财产规划、风险隔离、资产配置、子女教育、家族治理、公益(慈善)事业等定制化事务管理和金融服务。集合资金信托计划中虽然也有账户管理、清算分配等事务,但其服务内容主要是对信托财产进行管理运用,围绕资产保值增值进行的。

◉ 信托财产隔离保护效果不同

家族信托因委托人非唯一受益人,还有其他受益人,所以即使委托人丧失行为能力、去世、破产或者发生其他意外,并不影响信托的继续存续,此时信托不终止,信托财产不作为委托人的遗产。委托人作为共同受益人的,委托人去世,也不影响信托的继续存续,此时信托不终止,委托人享有的信托受益权作为其遗产或根据信托文件约定处理。对于集合资金信托计划,因为委托人为唯一受益人,也就是委托人作为信托财产权利归属人的,信托财产还是其责任财产。这也是信托财产独立性的体现,信托财产独立于委托人未设立信托的财产,从而达到资产保全的效果。

马律师专业提示

家族信托和集合资金信托计划是两种不同的信托业务类型。家族信托着重于财富保护和传承,集合资金信托计划着重于资产保值增值。

家族信托有哪些功能

赵先生听说家族信托被誉为是财富管理“皇冠上的明珠”，其功能多样且在特定场景中发挥显著作用。那么，家族信托到底有哪些功能？

专业解析

家族信托的功能，或者说能为人们解决什么问题，主要是基于信托制度特征在具体场景应用效果的体现。总体上看，家族信托具有以下功能：

◉ 资产保护

家族信托以其独特的信托制度特征，实现了资产的隔离保护。这为家族财产的保全和风险隔离提供了有效手段，可以防范婚姻、继承、债务破产、代持等相关风险。例如，赵先生处于创业初期，面临着商业风险。为了保护家族财产，他在家族信托中将一部分资产进行隔离，以防止商业风险对整个财富的影响。这样，即使企业经营遇到问题，也不会影响整个家族的财务稳定。具体家族信托项目资产保护的效果，须结合具体项目方案而定。

◉ 信息保密

家族信托作为一种私益信托，具有相对私密性。通过公开披露的司法裁判文书，或者上市公司公告等渠道获得的家族信托信息，属于例外情形。如果赵先生非常注重家族隐私，那么通过设立家族信托，可以在一定程度上保护财产信息的私密性。这有助于减少潜在的风险。

◉ 财富传承

信托财产所有权和信托受益权分离，利用信托架构可以防范子女挥霍财产、保障子女成长教育、减少继承纠纷等，充分避免风险，实现有序传承。以赵先生为例，家族信托可以帮助赵先生实现财富定向传承，将财产给到指定的主体。同时，家族信托可以激励和约束后代。如果赵先生希望激励小赵学习,可以设置附条件的信托利益分配规则,比如考上大学奖励多少钱,考上研究生奖励多少钱,考上博士奖励多少钱等,以作为对小赵行为的奖励。另外,家族信托还可以反向约束小赵的行为,比如设置违法犯罪就可能被取消受益资格等规则,从而达到约束小赵的目的。

◉ 财富管理

信托是一种财产管理制度,委托人可将财产交给专业机构进行打理,实现家庭财富的保值增值。对资金类资产进行投资理财,可以实现资产的保值增值,以对抗通货膨胀;对于非资金类的资产,例如保单权益、股权、不动产、艺术品、收藏品等,信托可以进行财产保管、管理、处分等。

◉ 财富集中

在家族信托中,信托财产由受托人集中管理,对于股权、股票、不动产等非资金类信托财产,信托架构能确保家族财产的控制权不因继承、婚变、子女变卖等原因分散。比如,公司创始人因婚变而分割公司股权时,可能就会影响公司控制权。2010 年至 2011 年,土豆网上市时,就因为创始人夫妻财产纠纷贻误了最佳上市时机。因此,有投资人将创始人的婚姻状况作为考虑因素之一,要求公司创始人股东和配偶签订合同,主要目的是降低对公司经营的影响,这些约定也被戏称为"土豆条款"。

◉ 税务优化

家族信托设立后,与委托人未设立信托的其他财产相区别。设立信托的财产不再属于委托人的遗产范围。家族信托存续期间,投资收益还有税收递延效果。目前,我国信托税制方面还有待进一步明确与完善。

◉ 家族治理

通过设立家族信托,可以设定一套规则,决定谁将从信托中获益,以及何时和如何分配这些收益。这可以促进家庭成员之间的沟通和协调,提高家庭治理的效率。除了家族信托,现在很多超高净值家族也在通过家族办公室进行家族治理。相较于家族信托,家族办公室的服务更加个性与全面。

◉ 特殊目的

信托具有个性化和灵活性，信托目的还有慈善捐赠、养老、特殊照顾等，正如信托业权威斯考特所说“信托的应用范围可与人类的想象力相媲美”。

马律师专业提示

家族信托的功能多样且强大，适用于不同的家庭和情境。对于具体个人和家庭而言，不同时点、不同阶段，目标、风险偏好可能也不尽相同，对于家族信托功能的需求侧重点也可能会发生变化。家族信托的功能取决于家族的需求和目标，比如赵先生在考虑是否设立家族信托时，第一步也是最关键的一步就是确定需求，到底想解决什么问题，需求是多样的还是单一的，看重家族信托哪些功能。只有先明确核心需求，在具体家族信托规划方案中，才能明确目标、平衡取舍、动态调整。

信托具有资产隔离保护功能，具体是什么意思

赵先生因为企业经营需要，在企业对外融资时，个人会为企业的融资提供无限连带责任保证担保。而且，赵先生也存在公司账户和个人账户之间的资金往来，他担心因为企业经营而影响自己，进而影响整个家庭。赵先生听说信托具有资产隔离保护功能，能够做到“欠债不还、离婚不分、诉讼不给”，他想知道这是真的吗，这个功能具体是如何体现的？

专业解析

相较于其他财富管理工具，信托制度最为吸引人的就是其信托财产隔离保护功能。这是信托安全性、资产隔离保护效果的体现。关于信托财产隔离保护，也有概括称为“信托财产独立性”的。

信托制度提供了一定的确定性，也就是不论企业经营是否出现债务危机、是否出现家庭婚变等，装入信托的财产被家族信托合法有效保护，能够用以维持家庭正常生活。当然，这里有个大前提，就是家族信托本身要合法合规。

根据我国目前法律法规的规定，具体来说，信托财产资产隔离保护特征主要体现在以下四个方面：

◉ 信托财产独立于委托人未设立信托的其他财产

信托设立后，委托人死亡或者依法解散、被依法撤销、被宣告破产时，委托人是唯一受益人的，信托终止，信托财产作为其遗产或者清算财产。也就是说，委托人作为信托财产权利归属人的，信托财产还是其个人责任财产。因委托人不能是唯一受益人，所以即使委托人死亡或者破产，并不影响信托的继续存续，此时信托不终止，信托财产不作为委托人的遗产或者清算财产。委托人作为共同受益人，委托人死亡或者破产的，不影响信托的继续存续，此时信托不终止，委托人享有的信托受益权作为其遗产或者清算财产。

赵先生通过将财产放入信托中，可以使信托财产独立于他个人的其他财

产，包括企业和个人其他资产。这意味着即使企业出现经营困境，信托中的信托财产也不会被纳入企业债务范围，从而保护这部分信托财产免受企业风险的影响。

◉ 信托财产独立于受托人固有财产

信托财产是委托人为了一定的信托目的而委托给受托人管理的财产。受托人自己的财产不同于管理的财产，不能混淆。受托人死亡或者依法解散、被依法撤销、被宣告破产时，信托财产并不属于受托人的遗产或者清算财产。因此，受托人的债权人不能处分信托财产。受托人必须将信托财产与其固有财产分别管理、分别记账。以信托公司为例，实务中，信托公司的固有账户与信托专户是不同的，信托公司的固有业务和信托业务需要分别管理。

◉ 信托财产区别于受托人管理的其他信托财产

同一个信托受托人可能管理多个委托人的财产，对于不同主体的财产需进行有效区分，受托人必须将不同委托人的信托财产分别管理、分别记账。只有不同委托人的信托财产都是相互独立的，才能明确责任财产边界。比如，集合资金信托计划的信托财产专户，由银行进行托管，每个信托项目的信托专户是独立的。

◉ 信托财产独立于受益人的自有财产

受益人是在信托中享有信托受益权的人，也就是“领钱”的人。信托财产由委托人转移所有权给受托人，受托人是信托财产的名义所有者，受益人并不直接占有、管理、控制信托财产，即信托财产并不在受益人名下，非受益人责任财产。因此，受益人的债权人是不能直接对信托财产提出清偿债权等权利的。比如，赵先生设立了家族信托，小赵是受益人，小赵的债权人并不能要求以信托财产直接偿还其债务。

马律师专业提示

信托的资产隔离保护功能,为个人和家庭提供了一种有效的财务安全保障机制。虽然“欠债不还、离婚不分、诉讼不给”是信托制度在资产隔离功能上的一种夸张宣传说法,不过在一定前提条件下,信托确实能够实现资产隔离保护的功能,具体资产保护效果需要结合实际情况综合判断,不能一概而论。需要注意的是,这种保护并非万能,需要在合法合规的前提下进行规划和操作。信托不是实现逃废债以及其他非法目的的通道,对此法律上规定了信托无效、可撤销、信托财产被强制执行等特殊情形,以保护债权人等相关主体的权益。

如何理解信托财产权利与利益分离

在了解家族信托的功能后，赵先生决定更深入地了解信托的核心概念：信托财产权利与利益分离。他意识到这是家族信托能够实现风险隔离和资产保护的关键所在。下面，将详细解释信托财产权利与利益分离的含义，以及其在财富规划中的重要性。

专业解析

信托财产权利与利益分离，是指信托中信托财产的所有权和受益权可以分别归属于不同的人。在信托中，委托人将财产转移给受托人，并授权受托人管理和处置该财产，以实现受益人的利益。

◉ 概念解释

信托财产权利与利益分离是信托的核心特征之一。在传统的财产所有权关系中，所有权和收益权通常是合并的，即财产的所有者享有该财产所产生的利益。但在信托中，委托人将财产转移到受托人名下，使受托人成为财产的法定所有者，受益权却归属于受益人。这意味着受益人享有财产所产生的收益，但不拥有财产本身的所有权。

◉ 重要性

- **风险分散**

信托财产权利与利益分离，可以实现财产的风险分散。委托人将财产转移给受托人，受托人作为法定所有者，可以将财产进行多样化的投资，分散风险，提高财产的长期增值潜力。受益人则可以从财产所产生的收益中获得稳定的经济利益。

- **受益人保护**

信托财产权利与利益分离，有助于保护受益人的利益。受托人作为财产的法定所有者，有责任按照信托文件的规定管理和处置财产，以最大限度地满足受益人的利益。受益人的权益受到法律的保护,即使委托人或受托人发生意外情况,受益人仍然享有其在信托财产中的利益。

- **管理灵活性**

信托财产权利与利益分离,为信托的灵活管理提供了机会。受托人作为财产的法定所有者,可以自主决定财产的管理和投资策略,以实现最佳的财产增值。关于信托的管理运用方式和安排,需要依据具体信托方案而定。委托人可以在信托文件中明确规定受托人的权利和责任,为受益人的利益提供一定的保障,同时也允许受托人根据市场条件和投资环境作出灵活的决策,以最大限度地增加信托财产的价值。

◉ 独立性与保密性

信托财产权利与利益分离,确保了信托的独立性和保密性。作为法定所有者,受托人在管理和处理信托财产时,有义务维护信托财产的独立性,不将其与自己的固有财产相混淆。同时,对于私益信托来说,社会公众很难获知具体信托财产和信托安排。也就是说,外人无法获取信托财产的利益分配安排等信息,从而保护信托财产的保密性。

马律师专业提示

信托财产权利与利益分离是家族信托的核心特征之一,也是信托能够实现资产保护和风险隔离的基础。这种分离性质使财产的所有权与收益权可以分别归属于不同的人,从而实现财产的风险分散、受益人的保护、管理的灵活性以及信托的保密性。对于委托人来说,理解了这一概念,能够更加确信家族信托是保护财产和实现财富传承的有效工具。

信托财产在任何情况下都能不被强制执行吗

赵先生在深入了解信托的资产保护功能后，开始关注一个重要问题：在任何情况下，信托财产都能不被外人强制执行吗？他意识到，这个问题牵涉信托的法律底线。

专业解析

信托有效设立后，信托财产就跟委托人未设立信托的其他财产以及受托人的固有财产相区别。所以，无论是委托人的债权人，还是受托人的债权人，都不能要求以信托财产来偿还债务，也就是债权人不能对信托财产申请强制执行。需要注意的是，尽管信托财产具有较好的隔离保护效果，但并非在任何情况下都不会受到外界的强制执行。我国《信托法》规定了四种例外情形，即在特定情况下，信托财产可能被强制执行。这些情形主要包括：

◉ 设立信托前债权人已对该信托财产享有优先受偿的权利，并依法行使该权利的

若在设立信托之前，债权人已经拥有对特定信托财产优先受偿的权利，并且合法行使了这一权利，那么债权人有权要求使用信托财产来偿还债务。“设立信托前”，强调了时点是在信托关系成立之前；“优先受偿的权利”，是指具有优先的效力；“依法行使该权利”，强调了本情形适用的触发条件，如果权利人放弃行权，就不会涉及信托财产的强制执行。比如，信托成立前，信托财产上就已经设定了抵押权，抵押权人对该信托财产享有优先受偿的权利。如果抵押权人的债权未得到清偿，抵押权人行使担保权利，就可以对信托财产进行强制执行。

◉ 受托人处理信托事务所产生债务，债权人要求清偿该债务的

信托成立后，受托人因处理信托事务所支出的费用、对第三人所负的债务，都应该是信托财产需承担的。因为受托人为处理信托事务所产生的债务属于信托财

产的债务，当然应以信托财产清偿，债权人也当然可以对信托财产进行强制执行。比如，为了保管信托财产，所需支付的保管费；为了维护信托财产、保护受益人利益，而需要支付的诉讼费、律师费等，这些费用都是由信托财产承担的。

◉ 信托财产本身应担负的税款

在信托设立、管理、终止、利益分配过程中，所涉税款应根据国家有关规定处理，应由信托财产承担的税款，可以对信托财产进行强制执行。

◉ 法律规定的其他情形

除上述三种情形外，如果法律还规定了其他可以对信托财产进行强制执行的情形，那么应当按有关法律规定执行。

除了以上四种情形，对信托财产是不能申请强制执行的。对于违反规定而强制执行信托财产的，委托人、受托人或者受益人均有权向人民法院提出异议。例如，在（2020）沪执复29号执行裁定书中，某公司对信托公司管理的信托财产申请了保全措施，后信托公司向人民法院提出执行异议。对此，二审法院上海市高级人民法院认为，信托财产在信托存续期间独立于受托人的固有财产，当事人因其与受托人之间的纠纷申请对信托财产采取保全措施的，除符合《信托法》规定情形外，不应被冻结。本案根据被保全人某信托公司提交的证据，可以认定涉案财产属于信托计划下的信托财产，故依法不应采取保全措施。

马律师专业提示

信托财产的不可执行性是信托制度的基本原则之一，保障了信托的稳定性和受益人的权益。然而，信托并不是用来逃避债务或其他法律义务的手段，在特定条件下，一些情形仍可能导致信托财产被强制执行。因此，在设立信托时，需要了解这些法律底线情况。

家族信托的保密性：私密在何处

赵先生听说，家族信托在保密性方面表现得相当出色，外部无法查到具体的信息。他想要了解这个说法是否属实，家族信托的保密性到底是如何体现的？

专业解析

就家族信托隐私保护方面，主要体现在以下四个方面。

◉ 信托对社会公众的保密性

家族信托属于一种私益信托，其关键信息不会被随意公之于众。家族信托的相关信息，主要是在信托当事人和相关主体（如律师事务所、会计师事务所、税务师事务所等专业服务机构），以及金融监管部门等有关机构之间进行披露，不会向社会公众进行披露。家族信托设立后，信托财产所有权登记在受托人名下，信托财产的管理和运用都以受托人的名义进行。外部社会无法获知家族信托的具体安排和实施细节，不知道受益人身份、不知道具体信托财务信息等，也不知道其他具体情况。例如，现在社会公众听到很多家族成立了家族信托，但很少能看到具体方案情况，这就是信托私密性的体现。

关于信托保密性，涉及私益信托和公益信托的信托分类，分类标准为按信托目的是私人利益还是公共利益，可以将信托分为私益信托与公益信托。私益信托是为了特定私人主体利益的信托，如投资集合资金信托计划、设立家族信托等，都属于为了私人利益的私益信托。这里的私人不仅包括自然人，还包括法人或其他组织。公益信托则主要是为了不特定主体利益的信托，具体信托目的包括救济贫困、救助灾民、扶助残疾人，发展教育、科技、文化、艺术、体育事业，发展医疗卫生事业，发展环境保护事业，维护生态环境等。

需要注意的是，在私益信托中，也会存在委托人有部分慈善需求的情形，但此时慈善目的仅作为一部分利益分配方案，而非主要信托目的，所以在业务类型上不属于纯公益慈善信托。如完全是慈善目的，则应按照公益慈善信托相关规定操作。

公益慈善信托因为涉及社会公众利益，所以受托人需要对社会公众公开相关情况，根据我国法律的规定，即“受托人应当至少每年一次作出信托事务处理情况及财产状况报告，经信托监察人认可后，报公益事业管理机构核准，并由受托人予以公告”，受托人公开的慈善信息主要包括：(1)慈善信托设立情况说明；(2)信托事务处理情况报告、财产状况报告；(3)慈善信托变更、终止事由；(4)备案的民政部门要求公开的其他信息。当然，如果对外公开披露的信息，涉及国家秘密、商业秘密、个人隐私以及慈善信托的委托人不同意公开的姓名、名称、住所、通信方式等信息，不得公开。

相比于公益信托，私益信托不涉及社会公共利益，所以相关信息并不需要对外公开披露，仅在有限知悉范围内传递，从而保护相关主体、信托方面信息的私密性。

◉ 信托内部的保密性

• 受托人的保密义务

根据我国法律规定，即“受托人对委托人、受益人以及处理信托事务的情况和资料负有依法保密的义务”，受托人作为信托事务的管理处分主体，有法定保密义务，非经法定程序，不得对外披露关于信托的具体情况。

• 其他主体的保密义务

在信托设立或运作过程中，除了受托人，还存在其他可能接触到委托人、受益人个人信息的主体，比如为信托提供服务的第三方服务机构，包括律师事务所、会计师事务所、保管银行、投资顾问等。相关主体同样负有保密义务，非经法定程序或有权机构要求，不得对外公开披露该等主体接收的关于信托方面的保密信息。

• 对不同受益人的保密安排

在具有多个受益人时，根据委托人要求，受托人可以对受益人之间的信息进行保密，例如，受托人不告知某一受益人，其他受益人的具体利益分配方案、分配比例、分配金额等。对于个性化需求，需要与受托人协商确定。

◉ 信托信息保密的例外情况

对于私益家族信托来说，信息保密是一般原则，但在有些特定情况下，也会涉及信息向相关主体进行披露的情况，常见的有根据法律法规、有权机构的要求，受托人向有关主体进行的披露，比如，应监管机构要求提供的信息、信托涉诉后司法机关依法公开披露的司法裁判文书，或者上市公司公告等。

◉ 关于信托登记

在我国，信托公司是受金融监管的，信托公司要向中国信托登记有限责任公司（以下简称信托登记公司）报送信息，在此情形下信托登记是否会影响信托保密性。

信托登记公司是金融机构。2017 年 9 月开始，根据规定，信托公司要进行信托登记。信托登记，是对信托产品及其受益权信息进行记录的行为，旨在规范信托活动、保护信托当事人的权益。信托登记信息主要包括信托产品名称、信托类别、信托目的、信托期限、信托当事人、信托财产、信托利益分配等信托产品及其受益权信息和变动情况。

信托登记不等于信托财产信息公开，信托登记信息受法律保护，信托登记公司应当对信托登记信息及相关文件依法保密。除法律法规规定可以公开的情形外，任何单位或者个人不得查询或者获取信托登记信息。

对于社会公众而言，在信托登记公司官网中的信托产品成立公示板块，只能看到信托名称、产品编码、信托公司名称、首次申请登记日期、存续期限（月）、信托功能、主要投向行业、财产运用方式、公示日期等信息。其中，家族信托项目名称一般主要根据各信托公司命名规则确定，很少体现委托人家族信息，因此通过信托名称也无法得知信托具体信息。

马律师专业提示

信托登记行为是在相关规定下有限度、有范围的信息披露，是维护委托人、受益人权益的体现，对信托公司管理的家族信托保密性而言并没有实质影响，对社会公众的保密性也没有被突破。

家族信托的保密性是确保财富私密的重要方面。在我国，这种保密性体现在受托人的保密义务、其他相关主体的保密责任以及信托登记的法定保密性上。

家族信托与税务优化

赵先生听他的信托客户经理毛经理介绍，家族信托不仅能够实现财富的传承和管理，还具备一定的税务优化功能。针对这一点，赵先生产生了疑问：家族信托的税务优化究竟是怎样实现的？下文将对家族信托的税务优化功能进行深入解析，帮助赵先生理解其实质。

专业解析

家族信托是一种财产管理工具，被广泛用于家庭财富的传承、保护和管理。信托的税务优化功能，源于其合法合规的财产规划和税务优化。然而，不同国家和地区的法律和税收政策各异，所以信托的税务优化效果也会有所差异。例如，目前我国还没有开征遗产税、赠与税，不过结合发展趋势，开征遗产税逐渐被提上日程。

家族信托的税务优化效果可以通过以下几个方面来实现。

◉ 家族信托可以通过合法的财产规划和税务优化，最大限度地减少家族成员的税负

一些国家和地区对信托财产的遗产税、赠与税、资本利得税等方面有所优惠，因此将资产置于信托财产中，可以减少财产遗产税、赠与税和个人所得税等方面的负担。例如，在家族信托的运作中，受托人可以合理地安排信托财产的分配和转移，以达到最佳的税务效益。另外，家族信托的受益人也可以通过信托结构的优化，减少遗产税和财产税等税费的支付。受益人还可以通过申领信托利益作为税金缴纳遗产税，因为开征遗产税后，需要继承人先交遗产税，才能获得遗产，对于很多高净值家庭而言，遗产税税金本身就是一笔很大的款项。

◉ 家族信托还可以通过合法的投资运作，实现资产增值和收益的最大化

相比于个人投资，家族信托通常具有更高的投资门槛和更多的投资渠道，可以更好地分散风险。在此基础上,家族信托可以通过合法合规的税务规划,最大限度地减少税费的支出,实现税务优化的效果。

需要注意的是,税务优化和逃税有本质区别。税务优化是通过合法手段减少税务负担,进行税务规划,而逃税是通过非法手段逃避税收责任。合规性和合法性是家族信托税务优化的关键。家族信托的设立和运作必须符合当地的法律和税收规定,并且需要遵守相关的披露和报告要求。违法违规行为可能导致法律纠纷和责任,给家庭财富带来严重的负面影响。

此外,家族信托的主要目的应该是实现财产管理和传承,而非仅仅为了税务优化。在制定家族信托计划时,应综合考虑财产保护、传承规划和税务效益等方面的因素。合理的税务优化是为了最大限度地合法减少税负。税收政策在不同国家和地区,时刻处于变化之中。因此,家族信托的财产规划和税务优化需要与法律规定保持同步。当法律或税收政策发生变化时,需要及时进行信托结构和运作的调整,以保持合规性和适应性。

马律师专业提示

对于税务优化安排,建议对家族信托定期进行审查,以确保其符合法律和税务要求。

家族信托在一定程度上可以实现税务优化的效果,但必须在合法合规的框架下进行。鉴于税收政策的复杂性和多变性,家族信托的税务优化应在专业人士的指导下进行,以确保家族信托在税务优化的同时合法合规。

人身保险和家族信托有什么区别

保险经纪人周经理向赵先生推荐大额人寿保单，称这也是一种财富传承工具。赵先生对于人身保险和家族信托之间的差异感到好奇，想要深入了解这二者之间的区别。

专业解析

财富管理涵盖了法律、金融、财务等多个领域，其中包括赠与、遗嘱、财产协议、保险、信托、基金、慈善、公证、家族办公室等各种工具。保险和信托都是财富管理的工具，但它们各自的特性和用途是有差异的。我们需要认识到，每一种工具都不是万能的，在考虑人身保险和家族信托区别时，可以从以下角度进行考虑。

◉ 财产范围

在财产范围方面，人身保险和家族信托存在一定的差异。人身保险是一种以金钱形式提供风险保障的方式，投保人需要交付资金作为保费，保险公司作为保险人最终赔付的也是资金类财产形态。信托财产形态较为丰富，包括资金类和非资金类，各种财产权在信托利益分配时可以资金方式分配，也可以届时财产形态进行分配，包括各种权益、非资金形态。可见，在适用财产范围上，信托比保险更为广泛。比如，赵先生只能用资金投保，而设立信托时，可以将股权、金融产品份额、不动产等作为信托财产装入信托。

◉ 受益主体范围

在受益主体范围上，信托比保险更为广泛和灵活。对于保险来说，保险受益人是指人身保险合同中由被保险人或者投保人指定的享有保险金请求权的人。投保人、被保险人都可以为保险受益人。保险受益人一般是投保人或被保险人的亲属，如父母、配偶、子女等。在信托受益人方面，要求为明确受益人或受益人范围，也就是说受益人范围更加广泛、灵活。而且，基于信托的财富传承功能，有时还存在将未出生后代作为受益人的情况。

◉ 运作方式

人身保险和家族信托在运作方式上存在显著差异。保险本质上是一种风险转移工具,投保人向保险公司支付保费,当发生保险合同约定事件时,保险公司按约定向保险受益人给付保险金。信托则是一种财产管理制度,委托人提供财产,受托人根据委托人意愿,为受益人利益或特定目的对信托财产进行管理处分,并向受益人分配信托利益。相比较而言,家族信托更加注重财产的长期管理和传承。

◉ 收益分配

在收益分配方面,保险的收益分配或者保险金支付方式较为简单,通常为一次性或分期,对于复杂的需求较难满足。信托的利益分配可以附条件、按比例、按固定金额等。可见,在收益分配上,信托比保险更为灵活,能满足人们个性化、复杂需求。

◉ 能否多代传承

当发生保险理赔之后,保险受益人在取得保险金后,保险公司在对应保单上的义务就解除了,并不能约束保险受益人对保险理赔金的运用,也不能进行多代传承。相比之下,家族信托期限相对较长,可以进行多代传承,福泽后代。可见,在传承周期上和世代上,信托比保险更久远。

◉ 保密性

在我国,保险公司和信托公司都属于金融机构,保险产品和私益信托都是属于非公开的,社会公众是很难获知具体信息的。因此,在保密上,保险和信托相差不大。

◉ 债务隔离功能

在债务隔离方面,因为保单现金价值可能会被追偿,所以信托制度的资产隔离保护的功能会更强一些。

◉ 资产保值增值

保险公司和信托公司都属于金融机构,可以对保险资金或信托财产进行管理运用，二者都有资产保值增值的功能。不过在投资范围上，信托相比保险而言更为广泛，其是唯一一个可以横跨资本市场、货币市场还有实业投资的金融工具。

◉ 杠杆功能

对于保险来说，一般保费和保险金之间是有一定杠杆的。信托制度本身并不具有杠杆功能。在信托财产管理运用过程中的增值部分，不属于此处的杠杆。当然，保险金信托因为是保险和信托制度的结合，所以具有杠杆功能。

◉ 税收优化

对于保单来说，在我国，人身保险赔付的保险金通常无须缴纳个税。家族信托的税收优惠程度则与当地的法律法规和政策有关，需要结合具体情况进行分析。

◉ 参与门槛与成本费用

在参与门槛、复杂性和费用成本方面，信托比保险更复杂、门槛和成本费用更高。当然，人寿保险也有高门槛的大额保单，但这里说的是两个工具的整体比较。

马律师专业提示

保险和信托作为两类财富管理工具，各有优势。在进行具体工具选择时，需要综合考虑个人的财务目标、家庭情况、遗产传承需求等因素。如果委托人没有财产复杂的传承需求，注重税收优惠和简化的运作方式，人身保险可能更为适合。如果委托人希望实现更广泛的财产管理、多代传承、个性化的财富分配等，那么家族信托可能更具优势。保险金信托将保险和信托两个制度进行了有效结合，综合了两个制度的功能与价值，既让保险更保险，也丰富了信托制度的运用，同样是委托人的一个好选择。

信托和遗嘱相比，有哪些好处

赵先生在郑律师的建议下立了遗嘱，他想知道，既然有了遗嘱，是否还有必要设立家族信托？相比于仅仅依靠遗嘱，设立家族信托有哪些好处呢？

专业解析

在财务规划和财产传承领域，信托和遗嘱是常见的工具，二者在保护财产、管理财产以及实现家族目标方面存在着不同的优势。遗嘱继承，是指个人在生前通过遗嘱规定财产继承方式和继承人。遗嘱为个人财产继承提供了自由安排的方式。然而，相较于仅仅依靠遗嘱，设立家族信托具有一些独特的优势和好处。

◉ 财产保护和法律保障

设立家族信托相比遗嘱继承，提供了更强的财产保护。一旦财产置于信托中，就不再是个人名下的资产，这使信托财产免受财产分割、债务追偿等风险的影响。与之相比，遗嘱的执行可能会受到争议，特别是在涉及多个继承人或复杂家庭关系的情况下。

◉ 财产管理的灵活性

家族信托可提供灵活的财产管理方式。与遗嘱相比，家族信托在设立时就可以制定财产管理规则，信托委托人可以规定资产如何管理、分配和使用，以满足家庭成员的具体需求和长期目标。即使在信托委托人无法管理财产或去世等特殊情况下，信托仍然可以继续运作，类似于"自动驾驶"，以确保财产得到专业的管理和照顾。

◉ 避免遗产争议

家族信托有助于减少遗产纠纷和家庭争议的风险。由于信托财产已经转移至信托中，并根据设立时的规定进行管理和分配，减少了争议产生的可能性。相比之下，遗嘱的执行可能会面临家庭成员之间的分歧和纷争。

◉ 意愿的延续

通过家族信托，赵先生可以对财产的使用和分配设定限制和条件。这有助于保护受益人，确保财产用于特定目的，例如，教育、创业或慈善事业，在实现个人愿望的同时，为社会作贡献。

◉ 私密性和保密性

家族信托通常比遗嘱更加私密和保密。与遗嘱相比，家族信托的细节和内容不需要公开披露，可以在家庭内部保持私密性。这有助于维护家族的隐私，并减少公众对财产细节的关注和干扰。

◉ 跨代财富传承

通过设立长期存续的家族信托，可以确保财产在多代之间传承和保护，并为未来的后代提供经济支持和福利。这是遗嘱所无法做到的。

◉ 个性化的财产管理

在财产管理方面，家族信托提供了更丰富的个性化定制。与遗嘱相比，在家族信托中，赵先生可以根据家庭的特定需求和价值观制定个性化的财产管理规则，以确保财产在特定用途、时间或条件下使用，如教育基金、医疗保健支出等。这种个性化的财产管理，可以更好地满足家庭成员的需求和目标。

马律师专业提示

尽管遗嘱在财产传承中具有一定的作用，但相较于仅依靠遗嘱继承，设立家族信托具有更多明显的优势和好处，包括更强的财产保护、灵活的财产管理、减少遗产纠纷、更有力的控制权、维护隐私和保密性、跨代财富传承、个性化的财产管理以及高度的灵活性等方面的优势。需要注意的是，家族信托未必适合所有人和所有情况。在选择财产传承方式时，须根据家庭情况、法律法规和个人目标进行权衡，以实现最佳的财务和家族目标。

哪些情况下，家族信托可能会无效

赵先生关心设立家族信托是否意味着无人能够挑战其有效性，以及可能导致信托无效的情形都有哪些？

专业解析

信托设立后是否有效是一个法律判断，而不仅是当事人自认为的。信托的设立受法律约束，信托的设立行为如果不符合法律规定，不被法律所承认，那么就是无效的。信托无效后，信托财产将返还至委托人个人名下，从而成为委托人债权人可以强制执行的财产，不受信托制度的保护，无法实现设立信托的目的。

我国现行法律规定了信托可能无效的六种情况，具体如下：

◉ 信托目的违反法律、行政法规或者损害社会公共利益的

信托目的非常关键，约束着信托主体的行为。委托人基于一定信托目的设立信托，如果信托目的本身是违法违规，或者损害社会公共利益的，那么信托将是无效的，不受法律保护的。比如，如果赵先生设立家族信托的目的是逃避法律义务或逃税，那么将因违反法律规定，导致信托无效。

◉ 信托财产不能确定的

信托是一项以财产为核心的财产制度，信托关系的核心是信托财产，如果不能确定信托财产，或者信托财产的权属不清，则缺少设立信托的必备要件，信托将无效。因此，这要求在设立信托时，财产的明确标识和所有权关系必须清晰明了。

◉ 委托人以非法财产或者《信托法》规定不得设立信托的财产设立信托的

如果委托人以非法财产或者法律规定不得设立信托的财产设立信托的，那么该信托将被认为是无效的。非法财产，指的是那些本来不属于委托人的财产，例如

通过洗钱等违法犯罪活动获得的财产。不得设立信托的财产，主要是指国家禁止流通的财产，比如武器、弹药等物品。如果违反此类禁止性规定设立信托，那么信托将被视为无效。

◉ 专以诉讼或者讨债为目的设立信托的

这一规定的主要目的是防止以营利为目的的滥诉现象，以及避免将当事人的诉讼权利作为信托标的的情况。诉讼或讨债不属于常规财产管理的范畴，并且某些个人或组织可能会扮演“讨债公司”的角色，从而侵害债务人和债权人的权益。因此，许多国家的信托法都制定了类似的禁止性规定，以维护国家的司法秩序和保护当事人的合法权益。家族信托的设立应该是为了财产管理和传承，不应该被滥用于诉讼或讨债目的。如果信托被用于这些目的，那么为防止信托被滥用于不正当手段，它可能会被认定为无效。

◉ 受益人或者受益人范围不能确定的

受益人是家族信托的关键参与者，设立信托的主要目的就是让特定的受益人能够从信托财产的管理、运用或处置中得到利益。如果无法确定受益人或受益人范围，那么设立信托就没有实际意义。因此，确定受益人或受益人范围是设立信托的必要条件。缺少这一要件，信托将因信托无法实现其基本目的而无效。

◉ 法律、行政法规规定的其他情形

这一条款是兜底性规定，涵盖了未来可能出现的其他情况。例如，某个信托的情形不属于上述列出的情况，但违背了信托法律的原则和精神，那么它可能被认定为无效。

马律师专业提示

家族信托是否有效并不取决于其设立事实，而是取决于是否遵守了法律规定。在设立家族信托时，务必确保信托目的合法、财产明确、受益人确定，并且遵循了法律的规定。只有在遵守相关法律的前提下，家族信托才能够发挥其保护财产、传承财富的作用。

设立家族信托后，信托会被债权人撤销吗

赵先生关心设立家族信托后,是否有可能遭受其债权人的挑战。除了信托无效的情况,债权人在哪些情况下还可能对信托提出挑战?

专业解析

信托有可能遭受到委托人债权人的挑战。除了信托无效情形,债权人在欺诈性信托情况下可能会对信托提出挑战。

◉ 欺诈性信托

欺诈性信托,指的是债务人为规避债务,明知会损害债权人利益而设立的信托,是一种不道德的行为,有违诚实信用。根据我国法律规定,禁止债务人利用信托进行损害债权人利益的活动。信托的目的应当是合法的,不得违反法律法规。如果委托人明知会损害债权人的利益而设立信托,那么这种行为就是违法的。如果委托人设立的信托导致债权人难以实现其债权,从而损害债权人的利益,那么该债权人有权向人民法院申请撤销该信托。债务人因为设立欺诈性信托而承担的法律责任包括返还信托财产、赔偿债权人损失等。假设赵先生的公司因经营不善欠下了大笔债务,为了保护家族财产,他想设立一个家族信托以逃避债务,这种行为就属于欺诈性信托,可能被债权人申请撤销信托。

◉ 撤销权的行使条件

为了稳定法律关系,对于设立损害债权人利益的信托行为,法律上对债权人的行权设置了一定条件。具体来说,一是结果上,债权人需要证明设立信托损害了其合法权益。如果委托人在信托设立后仍有能力偿还全部债务,那么债权人无权申请撤销信托。如果设立信托前,委托人已经存在大额债务,那么该信托可能起不到债务隔离作用。二是方式上,债权人需向人民法院起诉,请求撤销,不能直接向委托人或受托人提出主张。信托被撤销是基于人民法院的裁判。三是时间上,如果

债权人知道或应当知道撤销原因之日起一年内未行使撤销权,那么该撤销权消失。对于委托人的债权人来说,应当注意撤销权的时效,及时行使权利,切记法律是不保护“懒人”的。

◉ 善意受益人不受撤销权的影响

信托被撤销后,信托财产须返还给委托人,成为委托人的个人责任财产。在他益信托中,委托人与受益人不是同一人,受益人并没有参与到信托设立阶段,对欺诈行为毫不知情。因此,在保护委托人债权人权益,法律上赋予其撤销权的同时,也要考虑受益人的利益。为了平衡债权人和善意受益人的利益,法律规定债权人行使撤销权时,不影响善意受益人已经取得的信托利益。例如,赵先生设立了家族信托,小赵作为受益人从信托中受益,用于支付学费和日常开销。后来赵先生的债权人申请撤销信托,以清偿债务。在这种情况下,小赵已经获得的收益是不受影响的。如果受益人是委托人自己,或受益人明知委托人设立信托的目的是逃避债务,也就是存在恶意,那么行使撤销权的后果也会约束受益人。

在家族信托实务中,信托公司作为受托人的,为了减少纠纷,一般会进行风险管理,在尽职调查阶段对委托人的债权债务关系进行调查,要求委托人向债权人告知设立信托的情形,并且承诺设立信托不损害其债权人的合法权益。

马律师专业提示

合法合规的信托是受我国法律保护的,以逃避债务等非法目的设立的信托不受法律保护。

信托类型篇

什么是可撤销信托和不可撤销信托

赵先生听信托客户经理毛经理说有“可撤销信托”和“不可撤销信托”这两个名词，但他还不太明白它们具体是什么意思。

专业解析

可撤销信托和不可撤销信托是一种信托类型分类方法，主要以委托人是否能随时任意终止信托为分类依据，在设立后的撤销和修改方面存在重要差异。需要注意的是，此处的可撤销信托并不是欺诈信托中债权人享有的撤销权。

◉ 可撤销信托

可撤销信托，是指委托人在设立信托后有权利随时撤销或修改信托的条款和安排。这意味着委托人在设立可撤销信托时，保留了对信托财产的控制权，并可以自由地更改或废除信托。换言之，委托人可以撤销信托并取回信托财产，或者修改信托条款以适应变化的情况或需求。可撤销信托就像是一个灵活的盒子，里面放着一些财产，比如钱、房屋等。赵先生可以随时打开盒子，取出财产，或者加入新的财产进去。这表示他有权利在未来随意修改或终止这个信托，就像随时打开盒子一样方便。可撤销信托通常用于个人的财产管理和遗产规划，更具灵活性和控制权，使委托人能够根据自身的意愿和需要进行调整。

◉ 不可撤销信托

不可撤销信托，是指一种在设立后无法被撤销或修改的信托形式。一旦委托人将财产转移至不可撤销信托中，就失去了对财产的所有权和控制权。不可撤销信托就像是一个上了锁的盒子，一旦锁上了，就不能随意打开。不可撤销信托，旨在提供更长期的财产管理和遗产规划解决方案，这种安排更为稳定，通常用于实现特定的财务和法律目标。

总的来说，在设立后的撤销和修改方面，可撤销信托和不可撤销信托存在重大差异。

对于可撤销信托，委托人在任何时候都可以自行决定撤销或修改信托，对应到我国主要是信托的任意解除。委托人可以根据自己的意愿和需要，随时更改信托的条款、调整受益人的权益分配或撤销整个信托计划。可撤销信托被撤销时，信托财产将返还给委托人，恢复其对财产的完全控制权。

相比之下，不可撤销信托在设立后无法被委托人单方面撤销或修改。委托人已经将财产转移至不可撤销信托的，失去对财产的所有权和控制权。一旦设立不可撤销信托，其条款和安排在大多数情况下是固定的，委托人也无法单方面更改。如果委托人希望修改不可撤销信托，那么通常需要取得受托人和受益人的同意，或者通过人民法院的批准。

选择可撤销信托还是不可撤销信托，委托人应综合考虑自身的财务目标、遗产规划需求以及个人喜好。可撤销信托提供了更大的灵活性和控制权，适用于那些希望保持变化和调整的委托人。不可撤销信托则适用于那些希望确保财产稳定管理、长期规划和受益人权益保护的委托人。

马律师专业提示

选择可撤销信托还是不可撤销信托取决于委托人的具体需求和目标。如果委托人希望保留更多的控制权和灵活性，其可能会选择可撤销信托。如果委托人更希望长期保护财产，信托架构更加稳定，其可能会选择不可撤销信托。

慈善信托：点燃爱心火炬

赵先生是一个富有爱心和社会责任感的人，经常参与慈善活动，关心弱势群体的需求。在一次慈善活动中，他了解到了慈善信托，深感这是一个可以让他的爱心发挥更大作用的方式。

专业解析

◉ 慈善信托：善行传承的桥梁

慈善信托是一种特殊类型的信托，是指委托人将财产用于慈善目的，由受托人负责管理和分配资金的行为，旨在实施慈善目的和促进社会公益事业的发展。其主要目标是通过捐赠和资助慈善项目，改善社会福利、教育、医疗、环境保护等领域，造福社会大众。

◉ 慈善信托的特点

- **慈善目的**

慈善信托的首要目标是推动社会公益事业的发展，促进社会公正与进步。这种信托的本质是将资金投入到造福社会大众的领域，如教育资助、医疗援助、灾害救助等。

- **捐赠资金**

委托人将自己的财产捐赠给慈善信托/公益信托，成为信托财产，用于资助慈善项目和活动。这种方式将爱心转化为实际行动，让财富在社会中流动起来。

- **永久性**

慈善信托通常是永久性的，也就是说一旦设立，财产将被永久性地用于慈善事业，不可撤销。这确保了慈善目标能够持续地产生积极影响。

- **受益人广泛**

慈善信托的受益人通常是社会大众，受益范围广泛。这种广泛性体现了慈善信托的公益性质,旨在改善整个社会的福祉。

- **监管和透明度**

为了确保资金的合理使用和透明度,慈善信托通常受到政府或慈善机构的监管。委托人和受益人可以通过财务报告和公开披露,了解资金的流向和使用情况。

◉ 设立方式

- **委托人设立**

委托人可以主动将自己的财产设立为慈善信托,指定受托人管理和分配资金。

- **遗嘱设立**

委托人可以通过遗嘱将自己的财产设立为慈善信托,在自己去世后生效。

- **亲属设立**

家庭成员也可以设立慈善信托,将一部分财产用于慈善目的,以回馈社会。这种方式强调了家庭的共同价值观和责任感。

◉ 管理和运作

- **受托人管理**

受托人负责管理慈善信托财产,制定慈善资金的使用和分配策略,确保资金用于慈善项目和活动。

- **资金分配**

受托人根据慈善信托文件的规定和慈善信托的目的,决定资金的分配方式。受托人可能将资金分配给合格的慈善机构、非营利组织或特定的慈善项目,以实现慈善目标并提供社会福利。

◉ 慈善信托的管理和监督

- **慈善机构监管**

慈善信托通常受到政府机构的监管。这些机构负责确保慈善信托的合规性和资金的适当使用,从而保障公众的权益。

- **财务报告和审计**

慈善信托需要进行定期的财务报告和审计,以确保资金的合理使用和透明度。这些报告便于慈善机构、委托人和公众了解慈善信托的运作情况。

◉ 慈善信托的税务优惠

慈善信托通常可以享受税务优惠，即委托人的捐赠可以获得税收减免或抵免，以鼓励慈善捐赠和促进社会公益事业的发展。

马律师专业提示

慈善信托在社会福利和公益事业中发挥着重要作用。它提供了一种有效的机制，将委托人的财产用于有益的慈善目的，改善社会福利和服务。通过设立慈善信托，委托人和受益人可以实现他们的慈善愿望，同时享受税收优惠和社会声誉。慈善信托的成功，与透明度、受益人的参与和监管的有效性密切相关。只有确保资金的合理使用和受益人的权益，慈善信托才能达到最大的社会效益。

离岸信托：财富的航海冒险

赵先生曾经听朋友张先生提起过关于离岸信托的话题，当时张先生兴奋地分享着自己在海外设立离岸信托的经历。这让赵先生感到很好奇，于是他决定了解一下这个看起来似乎有些神秘的概念。

专业解析

按信托设立地划分，可以将信托分为在岸信托和离岸信托，也有将其称为境内信托、离岸信托的，但境内信托的说法并不严谨。无论是在岸信托还是离岸信托，都是信托制度的运用。

离岸信托，是一种在离岸管辖区设立并管理的信托结构。离岸信托通常是由一个离岸公司或离岸信托机构担任受托人，管理和保护委托人的财产，以及为受益人提供保障。

离岸信托的特点是在离岸管辖区设立并管理，而委托人、受益人以及信托财产可能来自不同的国家或地区。离岸信托的设立和运作，通常需要遵循离岸管辖区的法律和监管要求。委托人通过将财产转移至信托结构，将财产与个人分离，从而实现财产的保护和管理。受托人负责管理和保护信托财产，根据信托文件和法律要求，行使其权利和职责。受益人作为信托的最终受益人，享受信托财产的收益。

对于家庭财富的传承和跨国财富管理来说，离岸信托提供了一种有效的工具。由于信托结构在离岸管辖区设立，可以跨越不同的法域和司法管辖区，更好地适应家族成员分布在不同国家或地区的情况。这有助于解决跨国或跨境继承规则的复杂性和不确定性，确保财富的顺利传承。

需要注意的是，离岸信托并非适用于所有人和所有情况。赵先生在考虑设立离岸信托时，应该充分了解离岸管辖区的法律和监管要求，与专业顾问进行充分的咨询和评估。此外，赵先生还应该明确自己的财务目标和需求，评估信托结构是否与自己的财务计划和目标相符。

离岸管辖区的法律和监管环境可能存在变化，需要定期监测并进行相应的调整。此外，离岸信托可能会受到本地法律和国际合规标准的监管和审查，需要遵守相关法律和法规要求。

赵先生作为信托设立人，在考虑设立离岸信托时需要认识到一些潜在的风险和限制。以下是一些需要考虑的因素。

◉ 成本和费用

设立和管理离岸信托通常涉及一定的成本和费用，包括设立费用、运营费用、管理费用和中介服务费用等。设立人需要充分评估这些成本，并确保自己能够承担相关费用。

◉ 法律和监管环境

不同的离岸管辖区有不同的法律和监管环境，需要了解离岸管辖区的法律体系、监管机构和相关规定，并确保信托结构符合当地法律要求。此外，离岸管辖区的法律环境可能发生变化，还需要密切关注并及时调整信托结构。

◉ 信托管理人选择

受托人负责管理和保护信托财产，对其选择和能力进行全面评估是至关重要的。赵先生需要选择可靠和专业的受托人或设立私人信托公司作为信托的管理人。

◉ 透明度和合规性

虽然离岸信托通常能提供更高的隐私保护水平，但赵先生作为委托人仍然需要关注透明度和合规性的问题，避免引发不必要的法律和税务风险。

此外，赵先生作为委托人还应考虑离岸信托可能面临的一些风险和限制，包括政治风险、经济风险、法律诉讼风险等。因为离岸管辖区的政治和经济稳定性对于信托的稳定和安全至关重要，需要对相关风险进行全面评估。

马律师专业提示

如果委托人家族的资产全球化程度较高，那么可以考虑离岸信托，或者将国（境）内资产设立在岸国（境）内家族信托、海外资产设立离岸信托，但并不等同于离岸信托一定比在岸信托更好。是否设立信托，在哪里依据什么法律设立信托，还是需要结合个案进行判断的。有些设计不合理的离岸信托，事后被拆解的情况也并不少见。

什么是遗嘱信托

赵先生的思考又跨入了另一个领域：遗嘱信托。这次，他开始研究如何在自己离开人世之后，将财富合理地传承给下一代或慈善机构。他突然想到，既然有生前信托，那么是否有一种方式可以在他百年之后，以某种形式设立信托呢？

专业解析

按信托生效时间，可以将信托分为生前信托与遗嘱信托。

遗嘱信托，是指通过遗嘱而设立的信托，也叫死后信托。也就是说，委托人预先以立遗嘱方式，将财产的规划内容，包括交付信托后遗产的管理、分配、运用及给付等订立于遗嘱，以实现对身后遗产的计划。我国法律规定，自然人可以依法设立遗嘱信托。随着遗嘱普及度的提高，人们越来越关注遗嘱信托。

◉ 案例故事：是遗嘱还是信托

我们通过一个案例来认识遗嘱信托。

李某于2013年跟前妻离婚，在第一段婚姻里生了大女儿（1983年出生）。同年，李某跟钦某结婚，两人生育了小女儿（2006年出生）。2015年8月，李某因病过世。去世前几天，李某亲笔写下遗嘱一份。

在财产方面，李某进行了梳理，理财产品差不多有1000万元，还有3套房子。在财产处理方面，李某的意愿是：

在上海再购买房产1套，该房购买价约650万元，只传承给下一代，永久不得出售（现有3套房产可出售，出售的所得并入“李某家族基金会”，不出售则收租金）。

剩余其他资产成立“李某家族基金会”管理。

在财产使用方面，李某的意愿是：

妻子钦某和小女儿每月可领取生活费1万元整，所有的医疗费全部报销，买房之前的房租可全额领取。小女儿国内学费全报。

每年钦某、李某三兄妹(分别于1940年、1946年、1960年出生)各从基金领取管理费1万元。

妻儿、李某三兄妹医疗费自费部分报销一半(住院大病)。

在财产管理方面,李某的意愿是:

财产管理由钦某、三兄妹共同负责。新购650万元房产,钦某、大女儿、小女儿均有权居住,但不居住者不能向居住者收取租金。

现任妻子钦某就遗嘱效力提起了诉讼,经过一审、二审,人民法院认定,遗嘱有效,且李某设立了遗嘱信托。除上述继承纠纷外,钦某后来还提起了一个民事信托纠纷,整个纠纷过程旷日持久。

值得关注的是,在遗嘱继承纠纷中,二审法院以李某实际意思表示为中心,不拘泥于词句,最终认定为遗嘱信托,并认同一审法院的认定:从遗嘱的内容来看,李某表达的意思是对遗产不进行分割,并将遗产作为一个整体,通过第三方进行管理,这个第三方被李某命名为“李某家族基金会”,组成人员为其妻子及兄妹,管理方式为共同负责管理。李某还指定了部分财产的用途,指定了受益人(包括妻子、孩子),明确了管理人的报酬,并进一步在购买房屋一事上阐明其目的为“只传承给下一代,永久不得出售”,也就是要求实现所有权和收益权的分离。虽然李某没有直接在遗嘱中写明设立信托,但李某的意思表示符合信托的法律特征,应当识别为李某希望通过遗嘱的方式设立信托,实现家庭财富的传承。

通过上述案例,我们能看出,遗嘱信托是将个人遗产设立信托,由受托人根据设立人在遗嘱中所作的指示管理和分配财产。遗嘱信托的核心是将财产置于受托人的控制下,以实现委托人的遗愿和目标。对于赵先生而言,他可以在自己生前,通过立遗嘱的方式,制定关于遗产管理和分配的具体计划。这样,即使他离开了人世,他的意愿仍然可以得以实现。

◉ 遗嘱信托的组成要素

• 委托人

委托人是遗嘱信托的设立者,即订立遗嘱的人,其在遗嘱中明确指示财产的管理和分配方式。

• 受托人

受托人是由委托人指定的负责管理和分配财产的人或机构。受托人必须忠实执行委托人的指示，并根据遗嘱信托的规定管理财产。在李某的案例中，李某指定了自己的妻子和兄弟姐妹作为受托人。

- **受益人**

受益人是享受遗嘱信托财产利益的人。受益人可以是继承人、慈善机构或其他指定的主体。在李某的案例中，李某指定的受益人为妻子、大女儿、小女儿还有三兄妹，每个受益人享有的收益内容是不同的，分配条件也有所不同，有领取生活费的，有报销学费的，还有报销医疗费的，等等。总之，对于信托利益分配可以结合受益人情况进行综合设计。

- **信托财产**

遗产，是指人去世时遗留的个人合法财产。遗嘱信托，也就是将遗产作为信托财产，具体财产范围、形态等根据遗嘱内容来进行确定。在李某的案例中，信托财产包括理财产品、现金还有房产。

- **遗嘱**

遗嘱，是指人生前在法律允许的范围内，按照法律规定的方式对其遗产或其他事务所作的个人处理，并于立遗嘱人死亡时发生效力的法律行为。根据我国现行法律的规定，除了常见的信托合同形式，遗嘱也可以作为设立信托的形式。

◉ 遗嘱信托的注意事项

通过上述案例，可以看出遗嘱订立和信托安排是相当复杂和专业的事项，需要着重关注以下事项：

- **指定可信任的受托人**

选择受托人时，委托人应慎重考虑其可信度、专业能力和诚信度。受托人负责管理和分配财产，必须具备良好的管理能力和遵守职业道德的素质。因为遗嘱是在立遗嘱人过世后生效，存在受托人拒绝接受信托的情形，此时需要再由受益人选择信托受托人，具体根据遗嘱中的约定操作。在李某的案例中，李某选择了妻子钦某和三兄妹作为受托人。钦某拒绝作为受托人，且对于三兄妹作为管理人的安排提出诉讼并要求解任。人民法院经过审理后，没有支持该诉讼请求。我国法律规定，受托人的解任条件要以受托人违反信托目的处分信托财产，或者管理运用、处分信托财产有重大过失为限。本案 3 位受托人并非专业人士，且年龄均已超过 60 岁，在处理信托事宜上亦无经验，故其 3 人需要较长的时间并非不合理的请求。在支付信托利益一事上，3 位受托人确有瑕疵，但考虑到对于信托文件的理解存在一定的争议，且缺乏明确的支付标准，故难以认定3位受托人存在重大过失。可见，对于受托人的谨慎选择是非常重要的，后续章节也会从选择受托人时需要考虑的角度进行介绍。

- **明确财产管理和分配指示**

委托人在遗嘱中应明确规定财产的管理和分配方式，以避免模糊不清或产生歧义。指示应包括财产的具体描述、受益人的身份、分配比例、分配条件等，确保受托人能准确执行委托人的意愿。一份好的信托文件就像一份地图，能够指引方向，而模糊不清或有歧义的信托文件，则容易产生纠纷或困扰。尤其在遗嘱信托文件中，遗嘱订立人去世后，委托人和受托人之间不会有机会再进行信托文件的解释、修订。所以对于遗嘱信托来说，信托设立人和受托人的提前沟通和规划，并聘请专业人员参与都是非常必要的。在李某的案例中，李某原本是希望给家人一个更好的安排，但相关安排反而引起了多起诉讼，事与愿违。

- **家庭成员的知情和理解**

委托人在制定遗嘱信托时，建议家庭成员知情并理解其意图和目的。及时与家庭成员沟通，解释遗嘱信托的内容和意义，避免产生疑虑和争议。在李某的案例中，家人根本不知道关于信托的相关安排，妻子钦某拒绝担任受托人，受益人与受托人三兄妹的沟通不够顺畅。设立信托时，并不是必须要受益人的参与，不过遗嘱信托因为涉及委托人过世之后的安排，此时为了减少继承纠纷，顺利交付信托财产，家庭成员的知情是有必要的，否则会影响信托的有效运行。具体需要结合情况进行设计和安排。

马律师专业提示

遗嘱信托是一种财产规划工具，允许委托人在生前制定财产管理和分配计划，并确保财产在其去世后得到管理和分配。遗嘱信托与生前信托在信托成立与生效、成立形式、信托财产交付等方面存在诸多不同，同时鉴于信托本身的复杂性与专业性，建议借助专业人士的帮助，以免因遗嘱或信托效力等问题而影响立遗嘱人意愿的实现。

民事信托和营业信托的分类

赵先生注意到一组概念:民事信托和营业信托。他想知道这具体是什么意思,区分的意义是什么?

专业解析

区分民事信托与营业信托的目的主要在于以下几点。

◉ 受托人资格不同

信托受托人应当是具有完全民事行为能力的自然人、法人。其中,民事信托的受托人可以是自然人、法人,营业信托的受托人只能是专以信托为业的信托公司。因为营业信托属于特许经营业务,而信托公司属于金融机构,接受监管机构的监督管理。

◉ 适用规范不同

对于民事信托主要适用《民法典》和《信托法》,营业信托除了适用《信托法》,还适用针对信托公司以及具体营业信托业务的相关管理规范等。比如,信托公司需要遵守《信托公司管理办法》,若信托公司开展具体信托业务,还需要取得相应业务资质,并按照资金来源和/或资金运用方向适用不同的管理规范要求。这意味着信托公司需要满足更多的法律和监管要求。

◉ 争议解决处理不同

在发生争议时,民事信托主要是诉诸人民法院,申请裁判;营业信托除采取诉讼、仲裁等争议解决方式外,监管部门也可以结合情况介入。在具体责任上,民事信托的受托人责任主要体现在民事责任。信托公司除了民事责任、刑事责任,还有行政责任。

如遗嘱信托中李某的案例,就是以委托人李某的兄弟姐妹这几位自然人作为受托人的民事信托。因为继承人对信托的不熟悉,先按继承进行的诉讼纠纷,经过一审、二审后,才确定是被继承人以遗嘱形式设立的信托。就信托运营过程,也有一场民事信托纠纷。

值得注意的是,在遗嘱继承纠纷二审民事判决书中,人民法院以行为人实际意思表示为中心,不拘泥于词句,最终认定属于遗嘱信托。这是一个经典案例,一是让人们认识到原来信托并没有想象中那么遥远,很多朴素的诉求,运用的就是信托制度。二是让人们关注到信托设立的形式问题,除了常见的双方合同形式,还可以通过单方遗嘱来设立信托。三是可以以自己的亲友等作为受托人设立信托,不过也因为受托人个人的专业度、胜任能力等问题,容易产生纠纷。就像本案中,几个受托人平均年龄在60岁以上,不了解信托运作知识,对管理信托欠缺相关经验。

马律师专业提示

在信托设立和选择受托人时,需要根据具体情况综合考虑不同类型信托的特点和要求,选择适合的受托人,并确保受托人具备专业能力和可靠性,以实现信托目的并保护委托人和受益人的利益。

家族信托的多元面貌

赵先生对信托已经有了初步了解,想具体了解下目前国内主要的家族信托业务类型,以便更好地规划自己的财富传承。

专业解析

家族信托是一种灵活的信托形式,可以根据家族的具体需求和目标来设计和定制。为了帮助赵先生更好地理解家族信托的多样性,按信托财产类型、信托目的,整理了以下常见的信托公司管理的家族信托细分业务类型。需要说明的是,本分类主要是实务操作,并不完全是金融监管层面的信托业务分类。

◉ 资金类家族信托

资金类家族信托是家族信托业务中一个较常见的类型。在这种信托中,委托人以资金的形式建立信托,将财产委托给受托人进行管理。信托公司会根据委托人的要求进行投资,并将投资收益按照约定分配给受益人。

◉ 保险金类家族信托

保险金类家族信托是将保险和信托两者相结合的一种创新形式。根据目前监管的规定,保险金类信托是财富管理信托中的一个细分类,保险金类信托是对于保单受益权作为信托财产和资金仅用于交付保费的情形而言的;其他保险与信托的业务结合模式则不属于保险金类信托,可以纳入家族信托范畴。例如,保单受益权是一部分信托财产,信托资金除了缴纳保费还有其他资金运用等情况,此时保险是家族信托中的一部分信托目的或资产运用方式,委托人的信托目的和目标也更加综合和复杂。

◉ 上市公司股票类家族信托

上市公司股票类家族信托,是指委托人将其合法持有的股票直接或间接置入家族信托架构中。相较于资金类家族信托,股票类家族信托相对复杂,可能涉及法律、税务以及上市公司资本市场相关监管规定等方面的事务。对于家族中拥有大量上市公司股票的情况,家族信托可能是一个有利的管理和传承方法。

◉ 非上市公司股权类家族信托

与上市公司股票类家族信托类似,非上市公司股权类家族信托,是指委托人将其合法持有的非上市公司的股权直接或间接置入家族信托架构中。除了信托所有权和信托受益权层面的分离,股权类家族信托还实现了公司股权和经营权的分离。相较于资金类家族信托,股权类家族信托相对复杂。在涉及家族企业传承和经营的情况下,这可能是一种相对较好的选择。原因在于借助信托的资产保护和隔离功能,其可以实现家族企业股权集中,免受婚姻、继承等影响。

◉ 不动产类家族信托

不动产类家族信托,是指委托人将其合法持有的不动产直接或间接置入家族信托架构中。不动产包括住宅、商业地产等。相较于资金类家族信托,不动产类家族信托相对复杂,需要考虑法律、税务等诸多因素。

◉ 慈善类家族信托

慈善类家族信托将家族的慈善目标与财富管理结合起来,可以将家族的慈善需求融入信托中,从而实现对社会的回馈。例如,设立慈善信托或者在私益家族信托中体现一些慈善需求,这有助于传递家族的社会责任感。不仅如此,慈善捐赠也有利于对子孙后代的精神传承教育。

◉ 其他类家族信托

除上述常见类型外,还有许多其他类型的家族信托,如以金融产品份额、债权、知识产权、艺术品等为信托财产的信托。此外,还有特殊关爱、特殊照顾、养老家族信托,以及外籍受益人信托等。这些形式都是根据家族的实际需求和目标进行量身定制的。

马律师专业提示

以上信托业务类型并不是家族信托的全部。家族信托的具体形式会因家族的特定需求和目标而有所不同。如果委托人要根据自己的具体情况，选择最适合自己家庭财富传承的信托业务类型，那么必须仔细考虑并全面了解各种选择的优势和限制。

保险金信托：让保险更“保险”

赵先生听保险经纪人周经理提到过保险金信托，是一种财富管理信托，将保险与信托相结合，以提供更为安全的财富管理。他想深入了解这个概念，明白保险金信托是如何为他的财富管理计划增色添彩的。

专业解析

简单来说，保险金信托就是将保险理赔金交付信托，是一种结合保险与信托的服务业务。其并不是金融理财产品，而是一种特殊的信托形式，主要目的在于借助信托与保险制度的结合，为客户提供问题解决方案，让保险更“保险”。

◉ 基本概念

2014 年，我国落地了首单保险金信托。2020 年，保险金信托规模突破了 200 亿元，近几年基本上每年都翻倍增长。2023 年 6 月，监管规定了保险金信托的官方定义，在此之前，实务中结合信托法、保险法相关原理和规定已经有实操，体现了信托的灵活性。由此可以看出，实践总是推动着理论的发展。

根据《中国银保监会关于规范信托公司信托业务分类的通知》，保险金信托，是指信托公司接受单一自然人委托，或者接受单一自然人及其家庭成员共同委托，以人身保险合同的相关权利和对应利益以及后续支付保费所需资金作为信托财产设立信托。当保险合同约定的给付条件发生时，保险公司按照保险约定将对应资金划付至对应信托专户，由信托公司按照信托文件管理。

对于赵先生来说，他可以将已经投保的保单受益权作为信托财产设立信托，也可以将要支付的保费作为信托财产设立信托，两种业务模式有一定区别。

◉ 保险金信托的优势

保险金信托之所以存在，是因为其解决了其他工具无法解决的问题，并在满足特定需求、解决特定痛点方面显现出比较明显的优势。

- **保险金信托与保险相比的比较优势**

❈ 优势一,综合管理保险理赔金。信托解决了保险理赔金再管理的问题。如果保险受益人没有良好的理财能力,那么可能会导致财富缩水。通过将保险金纳入信托,信托公司能够为其进行综合管理,确保保险金得到妥善利用,而不是一时间被挥霍掉。赵先生早年离异,父母老赵先生和老孙女士健在,但假如其父母已过世,赵先生只有一个12岁的孩子小赵,赵先生发生意外后,其财产将由小赵继承,前妻李女士作为小赵监护人可以管理该财产。如果李女士再婚,那么该财产很可能外流。再如,在上述场景中,如果小赵是20岁,并没有成熟的心智和财产管理能力,在一次性领取大额保险理赔金和其他遗产后,也很容易被挥霍一空。

❈ 优势二,扩展受益人范围。信托受益人比保险受益人范围更为广泛和灵活。传统的保险受益人通常是固定的,往往只涵盖了配偶、父母、子女等亲属关系。信托受益人的范围更为广泛,可以灵活设置信托受益人,并作私密的安排。相比于保险,信托更加灵活,在满足客户个性化需求方面,更具优势。例如,赵先生设立保险金信托,在信托公司(代信托项目)成为保险受益人的基础上,赵先生可以在信托层面灵活设置受益人,比如将外甥、兄弟姐妹等他想照顾的人设置为信托受益人。

❈ 优势三,巧妙的利益分配。信托利益分配更加灵活。保险公司通常只能一次给付或分次给付保险金。信托则可以设定很多灵活的信托利益分配条件,如对受益人求学、成婚、生子、创业等正向行为予以激励和祝愿,对受益人购房、购车等大额消费予以支持等,避免受益人挥霍。如果赵先生想鼓励小赵求学,就可以设置小赵考上大学奖励100万元,考上研究生奖励200万元,考上博士奖励300万元等附加的条件,引导、约束小赵的行为。

- **保险金信托与信托相比的比较优势**

❈ 优势一,变相降低了家族信托资金门槛。家族信托门槛是1000万元起,并不适用所有人。保险金信托在一定程度上降低了业务门槛。在监管层面,保险金信托本身是没有门槛限制的,实务中保险公司、信托公司、银行、券商等基于商业考量,设定了一定门槛。

❈ 优势二,保险有一定杠杆。相比于其他工具,保险的保费和保额之间存在一定杠杆,这是信托所没有的功能。正是因为保险本身的杠杆性,又进一步降低了信托的门槛。

◉ 业务模式

保险金信托,是一种将保单受益权或信托资金与保险业务结合起来的信托业务模式。在实践中，保险金信托主要有两种业务模式：一种是保单受益权信托，另一种是信托投保。

- **保单受益权信托**

在保单受益权信托模式中，赵先生可以先购买保险公司的保单，再与信托公司签订信托合同，并将该保单的受益人（第一顺位、唯一）设立或变更为信托公司。这意味着赵先生将保单的受益权作为信托财产委托给信托公司。信托公司根据信托合同的约定，负责管理和运作保险公司赔付或给付的相关保险金，并按约定将保险金分配给信托受益人。

在这种模式下，信托公司充当了保险受益人的角色，负责管理和分配保险金，确保信托受益人的权益得到保障。换言之，通过设立保单受益权信托，可以将保险金的管理和分配交由专业的信托公司来处理，以确保保险金的安全和有效使用。

- **信托投保**

在信托投保模式中，信托公司根据赵先生的指令，使用赵先生交付的现金类信托资产，为赵先生或其他被保险人交纳保费。信托公司作为保单的唯一受益人，享有并承担该保单相关投保人和保险受益人的一切权利和义务。

在这种模式下，信托公司以信托资金缴纳保费，并作为保单投保人和唯一受益人，享受保单所提供的保险权益，有效避免了赵先生作为投保人不交保费等风险。这种模式可以有效地管理和运用委托人的信托资金，并确保保单的权益得到妥善维护和利用。

通过以上两种模式，保险金信托能够更好地满足客户的需求，保障保险金的使用和管理。

马律师专业提示

保险金信托作为一种结合保险和信托的工具，可以为委托人提供更加灵活和安全的风险管理方案。通过将保单受益权或信托资金与保险业务相结合，可以实现保险金的专业管理和分配，最大限度地满足委托人的意愿，保护受益人的利益。

家庭服务信托：普惠版家族信托

随着市场的不断发展，赵先生听说了另一种名为家庭服务信托的财富管理业务。对于这个新名词，他心生好奇，家庭服务信托究竟是什么，它与家族信托有着怎样的关系？

专业解析

家庭服务信托是一种低门槛的财富管理服务信托，旨在为一般家庭提供风险隔离、财富保护和分配等服务。它由符合条件的信托公司作为受托人进行管理和执行。

根据目前监管规定，家庭服务信托，是指由符合相关条件的信托公司作为受托人，接受单一自然人委托，或者接受单一自然人及其家庭成员共同委托，提供风险隔离、财富保护和分配等服务。家庭服务信托初始设立时实收信托应当不低于100万元，期限不低于5年，投资范围限于以同业存款、标准化债权类资产和上市交易股票为最终投资标的的信托计划、银行理财产品以及其他公募资产管理产品。

虽然家族信托和家庭服务信托都是信托形式的财富管理工具，但它们在以下方面存在一些差异：

◉ 设立门槛

家族信托初始设立时，实收信托应当不低于1000万元，设立门槛较高，这使家族信托更多地服务于高净值家庭。家庭服务信托初始设立时，实收信托应当不低于100万元，设立门槛较低，是普惠版财富管理业务，使更多普通家庭能够受益于信托的财富管理服务。

◉ 目标和服务

家族信托的主要目标是实现家族长期财富的保护、增值和传承，同时维护家族的利益和关系。其服务内容更加丰富，可能涉及财产规划、风险隔离、资产配置、子女教育、家族治理、公益慈善事业等定制化事务管理和金融服务等。

家庭服务信托主要关注个人家庭的财富保护、分配和风险管理，可以提供风险隔离、财富保护和分配等服务，以满足委托人及其家庭成员的具体需求。

◉ 投资范围

家族信托的投资范围非常广泛，可以结合具体客户需求和实际情况进行投资配置，也更为灵活。

家庭服务信托在投资范围上有一些限制。家庭服务信托的投资范围，限于投资标的为标准化债权类资产和上市交易股票的信托计划、银行理财产品以及其他公募资产管理产品。需要注意的是，包括信托计划在内的上述资管产品，资金投资标的都仅限于标准化债权类资产和上市交易股票，不能直接或间接投资其他资产。这些投资范围主要是基于信托目的和风险控制方面进行的限制，以保护受益人的利益。

◉ 信托期限

家族信托期限一般较长，很多无固定期限。也就是说，其可以一直存在下去，以支持家族的多代传承。家庭服务信托期限不低于 5 年，相对较短。

马律师专业提示

家族信托和家庭服务信托在设立条件和目标方面存在差异，但它们也存在一些共同点。二者都是为了实现财富管理而设立的信托形式，都需要信托公司作为受托人进行管理和执行，并遵守信托法律和相关法规的规定。委托人都可以根据自身情况和目标来选择最适合的方式设立财富管理服务信托。如果委托人的资产体量相对较大，那么可以考虑直接设置家族信托；一般中产家庭，可以考虑设立家庭服务信托和保险金信托。

信托是否适合所有家庭

赵先生明白了信托是一项复杂的财富管理工具，不同于一般的金融产品，它需要与家庭的实际情况相匹配。他想知道，哪些家庭尤其需要考虑设立信托？

专业解析

任何工具在使用时，都要考虑其适用性，即是否合适。可以说，没有一种工具是万能的，家族信托也是一样的。家族信托作为一种财富管理工具，未必适合所有家庭。其是针对具有特定需求和情况的家庭。以下是一些特别需要考虑设立家族信托的家庭类型。

◉ 资产较大的家庭

资产较大的家庭需要专业的帮助来管理和规划这些资产的传承。家族信托为他们提供了一种有效的方式来保护和传承财富，确保资产能够持续增值和家族成员得到适当的财务支持。

◉ 有特殊家庭需求的个人或家庭

生活中，有一些家庭可能面临特殊的情况，例如，家庭成员可能患有孤独症，或者需要长期看护。针对这些情况，家族信托提供了一种保障机制。设立信托后，专业的受托人可以确保特殊需求的家庭成员得到适当的照顾和支持。赵先生的姐姐赵女士是身心障碍者，多年来一直靠家人照顾，赵先生担心自己发生意外后，没有人照顾姐姐赵女士，就可以设立以赵女士为受益人的信托，让信托公司定期分配收益，以满足赵女士看护的日常费用，以免发生无人照顾的情况。

◉ 担心财产管理和分配问题的个人或家庭

一些人可能会因为担心财产分配问题而犹豫不决，如担心财产不能真正传承给合适的人，或者担心被监护人挪用财产。设立信托可以将财产交给专业的信托机构进行管理,并制定明确的受益条件和分配方式,确保财产能够真正地为受益人所用。就像前面讲到的例子,赵先生早年离异,有一个 12 岁的女儿小赵。假设老赵先生和老孙女士已去世,他非常信任哥哥大赵先生,自己发生意外之后想将小赵托孤给大赵先生,但如果赵先生没有早做规划,那他的愿望是无法实现的,其财产可能如前文所述,实际上外流,无法给到他真正想传承的人。

◉ 有复杂家庭关系的个人或家庭

家庭关系复杂或存在潜在家庭纠纷的个人或家庭可以考虑设立家族信托。通过制定清晰的规则和专业的管理,家族信托可以帮助避免或减少家庭争议,确保财产的合理分配和家族利益的平衡,维护家族关系的稳定。例如,有多段婚姻、父母与子女年龄相差较大、家里成员较多、家庭成员国籍多元等情况。

◉ 担心家族企业股权分割和控制权问题的个人或家庭

拥有家族企业的个人或家庭可能担心股权因婚变、继承等原因而被分割和分散,导致丧失对企业的控制权。家族信托可以将家族企业的股权置于信托中,以保留企业的控股权,并为家族成员提供稳定的现金流和财富传承方案。

◉ 希望实现财务稳定和资产增值的个人或家庭

对于收入不稳定或希望实现长期资产增值的个人或家庭而言,家族信托可以利用专业的投资管理来管理财产,实现未来现金流和长期资产的保值增值,帮助其在财务方面更加稳定和可持续。

◉ 担心财产被挥霍的个人或家庭

如果家族的后代缺乏财产管理能力,或担心财产被挥霍导致财富无法长久传承,那么家族信托可以设定受益人的权利和义务,以防止受益人滥用财产。通过对信托利益分配的设置,可以实施正向激励和反向约束,以引导受益人负责任地管理财产,确保财富能够长期保持并为后代所用。

◉ 希望保护个人隐私的个人或家庭

对于注重个人隐私的个人或家庭来说,家族信托可以提供一种保护个人隐私的方式。信托的详细信息通常不需要公开,因此可以保护个人的隐私权,同时实现财产管理和传承的目标。

马律师专业提示

设立家族信托是一个复杂的过程，涉及法律、财务、税务和家庭关系等多个方面。在考虑设立家族信托之前，建议了解自己家庭的具体需求和情况，并评估是否适合使用家族信托作为财富管理和传承的工具。

正如同每个家庭都独一无二，家族信托也不同于一般的解决方案。它适用于特定类型的家庭，旨在满足他们的独特需求和目标。通过精心设计的家族信托，个人或家庭可以更好地保护财富、规划未来，并为家族的长远发展奠定坚实基础。

信托主体篇

家族信托的服务主体：共同谱写财富传承的篇章

赵先生对家族信托服务提供主体产生了浓厚兴趣，他想了解家族信托的主要服务提供者及其角色。

专业解析

近年来，我国国内财富管理市场快速发展。从服务机构来看，主要分为资产管理机构、中介服务机构、事务管理机构等。除了国内机构，还有些海外机构也提供相关服务。各服务机构承担不同的角色和责任，以下是常见家族信托服务主体。

◉ 商业银行

商业银行在家族信托中发挥着重要作用。作为金融机构，商业银行可以整合金融与非金融资源，协调家族信托业务的落地。其可以担任家族信托架构中的投资顾问、财务顾问、财产保管人、投资标的管理人等角色，为客户提供全方位的金融服务和支持。

◉ 信托公司

信托公司是家族信托业务中不可或缺的主体。作为受托人，信托公司负责管理和运营家族信托的资产。其可以担任信托财产的资产管理主体和投资标的管理人。在设立家族信托阶段，信托公司需要进行全面的尽职调查，审查受托财产的合法性和合理性，并制订详细的家族信托计划。在家族信托运行阶段，信托公司承担信托财产管理和事务性管理的责任。

◉ 证券公司

证券公司可以在家族信托中提供投资顾问、财务顾问和投资标的管理人等服务,可以整合金融资源,协调家族信托业务的实施。特别是在涉及上市公司股票家族信托或非上市公司股权家族信托涉及首次公开募股(Initial Public Offering,IPO)的情况下,证券公司的经验和与监管机构的沟通协调能力将发挥重要作用。

◉ 保险公司

家族信托的投资配置可能涉及保险产品或保险公司发行的资管产品。在保险金信托中,保险公司与信托公司共同为客户提供保险金信托相关服务。

◉ 其他资产管理公司

公募基金公司和私募基金管理人可以在家族信托中担任投资顾问或投资标的管理人的角色。他们具备专业的资产管理能力和丰富的投资经验,可以为家族信托提供投资建议和资产配置服务。

◉ 慈善组织

在有慈善捐赠需求的家族信托中,慈善组织作为服务提供者,提供慈善项目筛选、捐赠落实等服务,可以帮助家族信托实现慈善目标,并确保捐赠的资金和资源得到有效利用。

◉ 律师事务所

律师事务所在家族信托中扮演重要角色,提供法律咨询、尽职调查、法律分析、交易结构设计、方案设计、文本制作和出具法律意见书等服务。律师在婚姻、继承、公司、保险、信托、资本市场、投资并购、跨境等领域具备专业知识和经验,可以为家族信托提供全面的法律支持。

◉ 会计师事务所/税务师事务所

会计师事务所和税务师事务所在家族信托中扮演重要角色。他们可以提供财务和税务方面的专业服务,对于交易结构复杂、涉及涉外身份或涉及境外税务筹划的情况,提供相关的咨询和意见。

◉ 其他机构

在家族信托业务中,根据具体方案和需求,可能还涉及非资金类财产保管机构、拍卖机构、评估机构、公证处、移民机构等。此外,还有大量事务管理机构,具体结合家族需求而定,比如慈善、医疗、养老、教育、移民等。这些机构提供相关的专业服务,帮助家族信托实现特定的目标和需求。

马律师专业提示

家族信托业务涉及多个服务主体,包括商业银行、信托公司、证券公司、保险公司、其他资产管理公司、慈善组织、律师事务所、会计师事务所、税务师事务所以及其他机构。这些主体各自承担不同的角色和责任,视家族信托具体情况和客户需求,共同为家族信托提供全面的服务和支持。从服务内容看,没有一家机构能够完全满足一个家族的全部需求,需要各服务机构协作,共同提供服务。

信托委托人需要具备的资质

信托并不是专属于富有大家族的领域，而是一个在某种程度上开放、包容的财富管理方式。赵先生想知道谁能成为家族信托的委托人，以及他们需要满足什么条件？

专业解析

◉ 委托人基本概念

委托人，即设立信托的人，是信托关系中至关重要的一方。根据我国《信托法》的规定，委托人包括具有完全民事行为能力的自然人、法人和其他组织。在家族信托里，委托人是单一自然人及其亲属。

委托人是信托财产的提供人，是信托的设立人，是信托关系中不可缺少的当事人之一，负责设立信托并参与制定信托的运行规则。这是一个既有权利也有责任的角色，基于委托人财产提供者的法律地位，其权益与义务在信托关系中得以体现。当然，设立信托并不是委托人独自的行为，在生前信托中，委托人需要与受托人一起订立信托运行规则，签订信托文件等。

◉ 委托人需要具备的资格

2022 年 6 月，某信托公司管理的慈善信托完成备案。值得关注的是，此慈善信托的委托人是一名 15 岁的中学生，该未成年人用压岁钱做了慈善，据信托公司的发文称，这“标志着国内首单由未成年人作为委托人设立的慈善信托正式落地，实现了我国慈善信托领域的又一创新突破”。

财富的传承不单单是物质财富的传承，还有精神层面的传承。通过上面未成年人作为信托委托人的案例，我们可以来分析一下什么人可以作为委托人。

作为委托人有两个基本条件：

- **委托人要有合法财产**

委托人作为信托财产的提供者,必须拥有合法的财产,没有财产便没有成为委托人的前提条件。上面的例子中,15 岁的中学生是用历年积累的压岁钱作为信托财产的。“压岁钱”不是一个法律概念,民法上将收压岁钱的行为定义为“接受赠与行为”。赠与人将自己的财产无偿给予受赠人,受赠人表示接受赠与,赠与关系即成立。也就是说,未成年人接受了压岁钱,赠与就已经完成,原则上不能撤回。长辈给晚辈发压岁钱是对孩子的美好祝愿,所有权应当归属孩子所有。

- **委托人应当具有相应的民事行为能力**

委托人是信托财产的所有者,同时,又能够以自己的意志行为依法支配自己享有所有权的财产,所以委托人应具备相应行为能力。当然,这里并不排斥不具有完全民事行为能力的人,因为他们可以由其法定代理人代理行使权利、履行义务。接受赠与属于民法上纯获利益的行为,不需要有相应的民事行为能力。

未成年人对自己的压岁钱能不能独立支配?就未成年人能否以个人财产设立慈善信托,需要对相关法律规定作出解释。

我国《民法典》第 19 条规定,“八周岁以上的未成年人为限制民事行为能力人,实施民事法律行为由其法定代理人代理或者经其法定代理人同意、追认,但是可以独立实施纯获利益的民事法律行为或者与其年龄、智力相适应的民事法律行为”。可见,8 周岁以上的未成年人从事慈善信托设立这种法律行为,可以通过其法定代理人同意或者追认的方式实施。在上述案例中,委托人已经 15 岁,在得到其监护人同意或追认的条件下设立慈善信托并无问题。

需要注意的是,信托法是民法的特别法,《民法典》规定限制民事行为能力人经过其法定代理人的同意,可以补正其法律行为的效力。因此,15 岁的未成年人也可以作为委托人设立慈善信托。不过在实务中,因为家族信托的门槛较高,未成年人合法所有大量财产的可能性较低,所以未成年人设立家族信托的概率不大。另外,对于年龄较大的信托委托人,需评估其精神状态,核查其有无行为能力。

马律师专业提示

信托的委托人并不仅限于富有的大家族,它是一个相对开放的领域,具备一定财产和民事行为能力的人都有机会成为委托人。无论是未成年人的压岁钱,还是普通家庭的积蓄,都可以在适当条件下通过信托,实现财富的保护和传承。

设立信托是否必须经过配偶同意

赵先生想了解，假设他与女朋友王女士结婚，婚后想自己设立家族信托，一定要让王女士知道并且同意吗？

专业解析

设立信托时，是否需要出具配偶同意函，这与信托财产是否来源于夫妻共同财产有关。基本上，如果信托财产来源于夫妻共同财产，那么需要所有权属人对财产处分设立信托的行为进行同意。如果信托财产能被证明是一方个人财产，那么不涉及夫妻双方共同财产的处分，也就不需要配偶的同意。

◉ 夫妻共同财产

夫妻共同财产包括夫妻婚前财产和婚后所得财产。关于夫妻财产归属问题，有法定财产制和约定财产制，对于私人之间的财产处分，要充分尊重双方的意思表示，有约定的从约定，没有约定的再适用法律规定。我国大部分家庭很少签署财产协议，基本上都是法定的夫妻共同财产制度。

根据我国《民法典》的规定，夫妻在婚姻关系存续期间所得的工资、奖金、劳务报酬、投资收益等财产，是夫妻共同财产，归夫妻共同所有。也就是说，在婚姻关系存续期间，除个人特有财产和夫妻另有约定外，夫妻双方或者一方所得的财产，归属于夫妻共同所有，夫妻双方享有平等地占有、使用、收益和处分的权利。

◉ 个人财产

根据我国《民法典》的规定，下列财产为夫妻一方的个人财产。

- **一方的婚前财产**

婚前财产，是指结婚之前各自所有的财产。婚前财产归各自所有，不属于夫妻共同财产。不过，实务中存在将婚前财产和婚后财产混淆的情况，这也是很多人想设立婚前家族信托来进行婚姻风险防范的原因。例如，赵先生曾经用婚前积蓄购买了一套房子,这套房子就是他的婚前个人财产,不会因为结婚自动转变为婚后夫妻共同财产。

- **一方因受到人身损害获得的赔偿或者补偿**

这些财产与生命健康直接相关,具有人身专属性,也不属于夫妻共同财产。

- **遗嘱或者赠与合同中确定只归一方的财产**

继承或者受赠的财产,属于夫妻共同财产。但是为了尊重立遗嘱人或者赠与人的意愿,如果在遗嘱或者赠与合同中明确指出,财产只给夫妻一方的,另一方不享有时,出于尊重他人对其财产的自由处分权,该财产属于个人财产,归一方所有。例如,赵先生父母在去世时明确遗产只给自己的儿子,不给儿媳,则该遗产仅归赵先生所有,如果没有明确,那么该遗产属于赵先生夫妻共同财产。

- **一方专用的生活用品**

比如,个人衣物等专属于个人使用的生活用品,应当属于夫妻个人财产。

- **其他应当归一方的财产**

这属于概括性兜底保障条款。

对于以夫妻双方共同财产设立信托的,也可以以夫妻双方共同作为委托人设立信托。实务中,一方作为委托人,另一方出具配偶同意函的情形较多。

马律师专业提示

夫妻双方婚姻状况的变化,可能会影响信托的稳定性。在家族信托实务中,委托人要承诺设立信托时未损害配偶的权益。这并不仅仅是法律的规定,更是家庭和谐的基础。家庭共识的达成,有利于家庭幸福和财富的顺利传承。没有取得配偶同意函的,存在潜在法律风险。

委托人的选择：一人多信托之道

赵先生对于信托的灵活性产生了浓厚兴趣，尤其是他听说作为委托人，可以设立多个信托后。他开始思考，何种情况适合设立多个信托？

专业解析

设立多个信托可以为设立人提供更多的选择，以满足同一人的不同目标和需求。假如赵先生的家庭和财务状况较为复杂，他可以通过设立多个信托来实现不同的设立目的，为不同的家庭成员提供不同的财务支持。

在信托法律上，是允许委托人设立多个信托的。赵先生可以根据自己的需求和目标，为不同的财产或不同的受益人设立单独的信托。每个信托将有其自己的信托文件和受托人，财产也会被独立管理。

设立多个信托的优点之一，是可以实现更灵活的财产管理。例如，假设赵先生财产类型较为丰富，包括金融资产、股票、房产、保单、不动产、艺术品等，虽然可以将多种财产设立在一个信托中，但根据每类财产的特点和需求，为其设立单独的信托，可以确保每类信托的财产管理更加专注和精确。

此外，设立多个信托还可以提供更多的受益人选择和利益分配选项。赵先生可以根据不同受益人的需求和特点，为每个受益人设立单独的信托。这样可以确保每个受益人根据其具体情况，获得适当的资产支持和保障。

除信托财产类型、受益人外，赵先生可以根据不同的目标设立多个信托。例如，他可以设立一个用于私益财富传承的信托，同时设立一个用于慈善捐赠的信托。如果赵先生还拥有国际性的财产或家庭成员，也可以考虑在不同的国家或地区设立多个信托，以便更好地管理国际财产和遵守各地法规。

当然，设立多个信托也需要考虑一些因素，具体如下。

◉ 赵先生需要评估自身财务状况和能力，确保能够承担管理和维护多个信托所需的工作和费用

设立和管理每个信托都需要一定时间和精力,存在一定管理复杂性,赵先生需要确保自己或其他主体能够有效地管理和监督这些信托。

◉ 不同信托之间不能有实质性冲突

在进行每个信托规划时,需要确保各信托的可执行性,避免产生冲突,这涉及多个信托之间的关系。

◉ 建议考虑信托受益人之间的关系和互动

如果赵先生设立多个信托,建议考虑受益人之间可能存在的利益冲突或不公平的情况,避免可能引发家庭纠纷或争议的情况发生。如果有多个信托受益人,可以考虑设立一个信托保护人来监督和协调不同信托之间的利益平衡。

马律师专业提示

信托委托人可以设立多个信托来满足不同的管理和规划需求。设立多个信托可以提供更好的财产管理和保护,满足个性化的目标,以及更灵活的资产分配选项。比如,设立一个慈善信托,同时设立一个私益家族信托;设立多个私益家族信托等。不过,设立多个信托需要综合考虑复杂性、成本、协调性,以及家庭成员之间的关系。

委托人都有哪些权利

作为信托设立人，赵先生感觉自己就像一艘船的船长，准备为自己的财富航程设定航线。他想知道，信托设立人都有哪些权利？

专业解析

委托人在信托关系中具有一定的权利，这些权利旨在保护委托人的合法利益和信托财产。我国法律明确规定了委托人的四项主要权利，具体业务中应以信托文件约定为准。

◉ 知情权：掌握航程

委托人有知情权。根据《信托法》第 20 条的规定，“委托人有权了解其信托财产的管理运用、处分及收支情况，并有权要求受托人作出说明。委托人还有权查阅、抄录或者复制与其信托财产有关的信托账目以及处理信托事务的其他文件”。这项规定的目的是确保委托人能够获得充分的信息，并以法定的方式了解和掌握信托财产的运作情况，以便其进行监督。换言之，委托人的知情权保障了其对信托财产管理和运作情况的了解和监督能力，确保其能够及时掌握相关信息。对于赵先生来说设立信托，他就好像财富的船长，基于知情权，可以掌握自己的航程。

◉ 调整管理方法：航线调整

委托人有权要求调整信托财产的管理方法。信托财产的管理方法应适应具体情况，这有利于实现信托目的并符合受益人的利益。《信托法》第 21 条规定，当信托财产的管理方法因无法预见的特别事由不利于实现信托目的或不符合受益人的利益时，委托人有权要求受托人调整该信托财产的管理方法。这项规定确保了委托人在信托财产管理方面具有一定的发言权，能够对管理方法的选择和调整产生影响，以保障自身利益。同时，还使委托人能够根据实际情况和信托目的对管理方法进行必要的调整，确保信托财产的有效运作。对于赵先生来说，如果他设立信托,这会让他感觉自己能够更灵活地应对变化,就像在航程中调整航线一样。

◉ 申请撤销处分:避开暗礁

委托人享有申请撤销处分权。如果受托人违反信托目的进行了对信托财产的处分,或者因违背管理职责导致信托财产损失,委托人有权申请人民法院撤销该处分行为,并有权要求受托人恢复信托财产的原状或进行赔偿。此外,如果受让人明知违反信托目的而接受信托财产,那么委托人还有权要求其返还或进行赔偿。委托人申请撤销处分权,保护了委托人在受托人违反信托目的或管理职责时维护其信托财产的权益。具言之,委托人有权申请人民法院撤销违反信托目的的处分行为,并要求受托人恢复信托财产的原状或进行赔偿,从而确保受托人不能随意处置信托财产,保护委托人的财产权益。假如赵先生设立了信托,在信托运行管理过程中,如果受托人进行了不当的财产处分,他可以申请撤销,就像及时避开暗礁一样,这能够让他感到自己的权利得到了很好的保护。

◉ 解任受托人:更换船员

委托人有依法解任受托人的权利。信托是建立在信任基础上的财产制度,委托人有权选择受托人并建立信托关系。相应地,如果受托人违反信托目的或管理职责,委托人有权依照信托文件的规定解任受托人。此外,委托人还可以向人民法院申请解任受托人,最终决定权在人民法院手中。这两种方式赋予了委托人依法解任受托人的权利,确保在受托人违反信托目的或管理职责时委托人能够及时作出变更,维护其权益和双方信任基础。假如赵先生设立了信托,享有解任受托人的权利,这会让他觉得自己能够保持对整个航程的控制,确保船员的素质和表现符合自己的期望。

《信托法》对委托人权利的规定,旨在确保委托人在信托关系中拥有一定的话语权和控制权,保护其合法权益和信托财产。委托人作为信托财产的提供者、信托目的的确认者以及信托关系的创设者,应当具有相应的权利。委托人的权利就如同航行的规则一样,能够确保财富航程的顺利进行。这些权利不仅保护了委托人的合法权益,同时也体现了委托人的责任和能力。

马律师专业提示

《信托法》规定的委托人权利，旨在保护委托人的合法利益和信托财产。委托人享有知情权、管理方法变更权、违反信托目的处分的撤销权和解任权。除了以上权利，通常在具体家族信托业务中，各方会通过信托文件约定的方式来明确各方权利、义务和责任。应当认识到，委托人所享有的权利不仅是形式上的，更是其作为家族的领导者所承担的责任。把委托人比作船长，通过了解委托人的权利，他能够决定航线、调整方向，保障财富航程的安全与顺利。

委托人是否可以在家族信托生效后修改信托文件

赵先生设立信托后，还能修改信托文件吗？

专业解析

委托人是否可以在家族信托生效后修改信托文件是一个重要的问题，涉及信托的灵活性和委托人的意愿。在大多数情况下，委托人是可以在信托生效后修改信托文件的，但需要遵守一定的法律和合同要求。

◉ 灵活性的保障

信托文件是委托人设立家族信托的基础文件，规定了信托的目的、受益人、受托人、信托财产等重要事项。信托文件经过签署并生效后，委托人通常希望对其进行修改以适应不断变化的需求和情况。因此，法律允许委托人在信托生效后修改信托文件，以便根据需要进行调整和变更。对于赵先生来说，信托就像一艘船，而信托文件就是航线图。如果在信托生效后，他的情况或目标发生变化，他有权对信托文件进行调整，以适应新的需求。

◉ 调整方式

修改信托文件的方式通常取决于信托法律和原始信托文件的规定。一般来说，委托人可以通过书面通知、补充协议或修订协议的方式修改信托文件。修改信托文件的过程通常也需要符合一定的法律要求。这就像是在船上进行修补，以确保船体始终保持稳固。

◉ 修改的限制和约束

尽管委托人可以修改信托文件，但仍可能存在一些限制和约束。首先，委托人必须遵守信托法律的规定，包括修改的程序和要求。其次，信托文件本身可能包含了一些限制和约定，如修改的条件、授权范围和受益人的权益保护等。委托人在修改信托文件时，需要仔细考虑这些限制和约束。这就像在航行中，需要遵循海上法规一样。

◉ 受益人的权益保护

除了法律方面，有些信托文件本身可能包含了一些受益人的权益保护条款，如受益人的绝对权利、禁止修改受益人权益的条款等。这些都是在修改信托文件时需要注意的事项。

◉ 沟通和协商

在合法合规前提下，考虑修改信托文件时，委托人应与受托人进行充分的沟通和协商。

◉ 遵守法律和合同义务

在修改信托文件时，委托人和受托人必须遵守适用的法律和合同义务。此外，就调整事项，还应注意是否需要履行通知、公告或其他法律程序，以确保修改的有效性和合法性。

马律师专业提示

委托人通常可以在家族信托生效后修改信托文件，但需要遵守法律和合同的要求。在进行修改时，委托人应慎重考虑，并与受托人进行充分的沟通和协商。同时，委托人应遵守相关的法律程序，并确保修改不违反法律原则和信托目的。最重要的是，信托文件的修改应符合公平、合理和诚实信用原则，以维护信托的有效性和稳定性。对于委托人来说，修改信托文件就像在航行中对航线进行微调，每次调整都需要谨慎考虑，以应对不断变化的情况。

家庭财富的永续之道：信托的持续性保障

赵先生想知道，如果他去世了，已经设立的信托是否还继续有效存续？

专业解析

赵先生的问题涉及信托的持续性问题。换言之，即使在委托人或受托人发生特定情况时，信托仍然保持有效，不会因此而终止。

◉ 不灭的法律关系

根据相关法律规定，除非有特殊的规定，委托人或受托人的死亡、丧失民事行为能力、依法解散、被依法撤销或宣告破产，以及受托人辞任并不会导致信托的终止。也就是说，信托并不会因为委托人去世而终止，它有着独立于委托人的法律实体，就像是一座坚固的灯塔，在海上矗立不倒。

◉ 对受益人的持续关照

信托作为一种特殊的财产管理制度，旨在持续为受益人创造价值，一旦设立生效，就独立于委托人未设立信托的财产或受托人固有财产。即使委托人发生不可预测的情况，如死亡、丧失民事行为能力、依法解散、被撤销或宣告破产，原则上信托关系仍然存在。受托人基于委托人的信任，以信托文件规定的目的为依据，继续管理和处分信托财产，以实现受益人的利益。也就是说，即使在委托人离世后，信托仍会继续履行其使命。

◉ 继任者的角色

同样地，如果受托人发生不可预测的情况，如死亡、丧失民事行为能力、依法解散、被撤销、宣告破产或辞任，虽然受托人的职责终止，但根据信托文件的规定，可以选任新的受托人来继续履行管理和处分信托财产的职责，以确保信托关系的持续性和实现信托目的。虽然受托人的变动可能影响信托的管理，但信托文件通常会规定在这种情况下如何选择新的受托人。这就像是在一场接力赛中，接棒的人会继续前进，确保信托的使命不会中断。

◉ 特殊情况下的终止

有一些特殊情况下，信托可能会终止。首先，根据相关法律的规定，如果信托文件或相关法律有例外规定的，信托可能会在委托人或受托人发生特定情况时终止。例如，在委托人是唯一受益人的情况下，委托人死亡，信托终止是合理的，因为委托人是唯一受益人，此时信托已经失去了存在的意义。其次，委托人可以在信托文件中另行约定信托的终止情况。例如，委托人可以约定在其自身或受托人发生特定情况时，如死亡、丧失民事行为能力、依法解散、被撤销或宣告破产，或受托人辞任时，信托终止；又或者委托人认为特定的受托人是信托事务的唯一合适人选，当该受托人发生特定情况时，信托终止。这样的约定可以根据委托人的意愿和信托目的来制定。

信托的持续性确保了信托财产的安全和持续管理，即使是在委托人或受托人面临不可预测的情况下。这种持续性为信托的财富传承和管理提供了稳定的基础。因此，委托人在设立家族信托时应仔细考虑并明确约定信托的终止情况，以确保信托目的的实现和受益人的利益。在制定家族信托的文件时，委托人可以与专业人士合作，以确保信托文件明确规定了信托的终止条件。这有助于防止不必要的争议和风险，保护家庭财富的持续性和稳定性。

马律师专业提示

家族信托具有持续性的特点，即使在委托人或受托人发生特定情况下，只要委托人不是唯一受益人，信托继续存续，仍然有效。信托文件的约定和法律规定对信托终止条件的明确起着重要作用。在设立家族信托时，委托人应明确约定信托的终止条件，确保信托目的的实现和受益人的利益保护。家族信托的持续性为财富的传承和管理提供了可靠的保障，帮助家族实现长期的财富规划和目标。即使委托人去世，其财富仍然可以通过信托持续传递给后代。可以说，信托就像是一盏明灯，照亮未来。

家族信托的永恒指引：确保设立人的意愿代代相传

赵先生提出了自己的疑问，如果设立了信托，那如何确保在他去世之后，信托会按照他的意愿运作？

专业解析

信托是一种有效的财产管理和传承工具。然而，许多委托人都有一个共同的疑虑：如何确保我去世后，我的家族信托仍然能按照我预期的方式运作？这个问题涉及信托的设立、管理和执行等多个环节。

◉ 目标明确，路线清晰

如果要让赵先生的家族信托按照他的意愿运作，那么他需要明确设立信托的目标。这可能包括传承财富，支持家庭成员的教育或健康需求，或者支持其关心的慈善事业等。设立信托并不是一步到位的，而需要明确目标和意愿，就像是在旅途中设定了前进的方向，以指引信托的运作。

◉ 选择受托人的艺术

受托人的选择十分重要，选择合适的受托人是确保信托按照委托人意愿运作的关键。受托人是负责管理信托财产并按照信托条款执行的人或机构，需要是值得信赖的主体，具备专业的管理能力，以及对委托人意愿和家庭状况的深刻理解。这就像是在选派一位智慧的船长，确保航船驶向正确的方向。关于如何挑选受托人，在选择受托人过程中都需要注意哪些，将在后面章节具体展开介绍。

◉ 信托保护人的监督

为了确保受托人按照委托人意愿管理信托，可以设立一个或多个信托保护人

（Trust Protector）。信托保护人的作用是监督受托人的行为，确保其遵守信托条款，保护受益人的权益。信托保护人可以是家庭成员、朋友或专业人士，他们需要对信托委托人的目标和信托条款有深入的理解。信托保护人也被称为监察人，是信托当事人外的第三方主体，确保信托不偏离航线。

◉ 详细的信托条款

委托人需要通过详细和明确的信托条款来指导信托的运作。信托条款是设立信托时由委托人设定的，规定了信托的目标、受托人的职责、受益人的权益，以及财产的分配方式等。在设立信托条款时，赵先生需要考虑各种可能的情况，包括家庭成员的变化、财务状况的变化、法律税法的变化等，可以考虑设立一些灵活的条款，允许在一些特定情况下修改信托，以适应未来的变化。对于赵先生来说，通过详细的信托条款，可以确保信托的运作不会偏离他的意愿，就像是在旅途中有了一张清晰的路线图。

◉ 定期审查与更新

信托设立之后并不是一劳永逸的，需要定期审查和更新已经设立的信托。生活中的变化可能会影响信托的运作，例如，家庭成员的出生、死亡或离婚，财富的增减，法律和税法的变化等。通过定期审查和优化调整，可以确保生效的信托仍然符合委托人的目标和家庭的需求。

总的来说，要确保信托在委托人去世后仍然按照委托人的意愿运作，需要在设立信托时明确目标，选择合适的受托人和信托保护人，设立详细和明确的信托条款，并定期审查和更新优化信托。

即便赵先生做了所有的前期准备工作，也可能会有一些无法预见的情况发生。这就需要他在信托条款中设定一些“安全阀”，以应对这些情况。例如，如果受托人无法或不愿继续履行职责，他可以设定一个替代的受托人；假设赵先生不想让小赵在年轻的时候就继承大量的财产，他可以设定一个年龄限制，让小赵在成年后再领取大量财产，等等。生活充满变数，信托条款中的“安全阀”就像是一道“防护栏”，确保信托在特殊情况下仍能正常运行。

信托就像是一艘航船，需要明确的航线和稳定的引航，以确保财富的安全传承。在这个旅程中，专业的知识和细致的计划是不可或缺的，以确保委托人的愿景代代相传。值得一提的是，虽然信托是一个强大的工具，但它并不是万能的。信托不能解决所有的问题，也不能完全防止争议和纠纷。

马律师专业提示

通过设立信托，委托人可以在去世后保持对信托财产的影响力，指导其家庭财富如何被使用和传承。这需要委托人在设立信托时做好充分的准备，选择合适的受托人，设定明确且可执行的信托条款，定期审查和更新优化信托等。通过采取以上措施，可以有效确保信托在委托人去世后，仍然能按照他的意愿运作。这也是规划的力量，借助制度来管理委托人的预期。

守护设立人：信托在设立人丧失行为能力后仍然存在

赵先生理解了信托的持续性，即使在他去世后，信托仍会继续有效存在。但他还有一个问题，那就是如果他因为意外情况而丧失行为能力，他所设立的家族信托是否还会继续存在并发挥作用？

专业解析

根据我国《信托法》的规定，信托不因委托人或受托人丧失民事行为能力而终止。当委托人丧失民事行为能力时，其设立的信托仍然有效。这个法律的安排确保了信托的持续存在。对于赵先生来说，即使他因为某种原因失去了行为能力，所设立的信托仍然继续存续运行。

民事行为能力是个人依法享有的从事民事活动的能力，例如签订合同、处置财产等。委托人必须是有行为能力的人，才能设立信托。当委托人丧失民事行为能力时，其无法独立进行法律行为。

委托人丧失民事行为能力并不会影响已经设立的信托的有效性。信托是一种由委托人将财产转移给受托人管理的法律安排，旨在实现受益人的利益或特定目的。信托在设立时是基于委托人的真实意愿和自愿行为，即使后续信托存续期间委托人丧失民事行为能力，也并不会导致信托的终止或无效。

委托人丧失民事行为能力并不影响受托人的职责和义务。受托人仍然有责任按照信托文件中约定的信托目的和规定，管理和处置信托财产，维护受益人的利益，维护信托的稳定。

尽管信托在委托人失去行为能力时不会终止，但提前的规划非常重要。在设立信托时，委托人可以提前设定信托事务的处理方式，以确保信托的持续管理和运作，同时保护受益人的利益。

委托人可以指定特定的代理人或监护人，明确他们在信托事务中的角色和权限。这样可以确保即使委托人无法行使权利，信托仍然能够正常运作。这就好比信托是一辆自动驾驶汽车，在需要时可以由其他人来掌舵，以确保信托的顺利运行。

综上所述，尽管委托人丧失民事行为能力会对信托的管理产生一定影响，但并不会使信托失效，信托仍会继续存续。委托人的法定代理人或其他授权方将代替委托人行使信托事务中的权利和义务，受托人仍然负责管理和维护信托财产，保护受益人的权益。另外，委托人可以提前设定相应的代理人或监护人，以确保信托的顺利进行。

马律师专业提示

委托人丧失民事行为能力并不会影响已设立的信托的有效性，信托仍然有效。假设委托人设立了信托，信托并不会因为他的个人状况而失效。相反，信托是一种坚实的法律安排，能够为家庭财富的传承和保护提供持久的支持。无论发生何种情况，信托都会守护着委托人的心愿，实现其为家人设立信托的初衷。

保护信托遗愿：受益人的权益与限制

赵先生担心自己百年之后，小赵随意分配财产。他想知道在他过世后，他的遗愿是否会得到执行？小赵是否能按照她的想法随意分配财产？

专业解析

信托文件就像是委托人设立信托时的庄严宣言，规定了受益人的权益和利益分配方式。信托文件的规定具有法律约束力，受益人不能随意分配信托利益。

委托人过世后，信托的运作和利益分配通常会按照事先设定的信托文件进行。信托文件是委托人设立信托时制定的文件，其中包含信托的目的、受益人、受托人等重要条款和规定，规定了信托的运作方式和利益分配方式。其中，信托的目的通常在设立时由委托人明确规定，这些目的可以多种多样，包括财富传承、教育资助、慈善捐赠等，是信托运作的核心，限制和约束着信托的运作。

根据信托文件的规定，受益人通常无法自行决定信托利益的分配方式。相反，信托文件通常明确规定了受益人的权益和分配方式，包括固定的分配比例、条件性的分配规定等，以保护信托财产，确保按照委托人的意愿进行有效的资产管理和利益分配。如果委托人过世后，受益人对信托文件中的条款或利益分配方式有不满或争议，通常无法单方面更改或调整信托利益的分配。信托文件的规定是具有法律约束力的，受益人应该遵守信托文件的规定。受益人可与受托人进行沟通。

一些信托结构可能设有保护人等监督机构，保护人负责监督受托人的行为和信托的运作。受益人可以与保护人进行沟通，提出关于信托管理和利益分配的问题或担忧。保护人可以对受托人的行为进行审查，并采取必要的措施保护受益人的权益。

马律师专业提示

委托人过世后,受益人一般无法自行决定信托利益的分配方式。信托文件是委托人和受托人智慧的结晶,它为受益人提供了合理的权益和分配方式,受益人应当遵守信托文件的规定。在一些情况下,受益人可以与保护人或受托人进行沟通,寻求协助和解决问题。在任何情况下,合法有效的信托文件应该得到各方的遵守,以确保信托财产的合理管理和利益分配。在信托的框架下,家庭财富能够得到持续而稳定的管理,避免因受益人的随意分配而引发风险。

守护信托财产的利剑：委托人的撤销权

赵先生有些担忧，信托设立后，受托人权利很大，他如果对受托人的行为不满，或者受托人有不当行为的，能否撤销该行为？

专业解析

委托人的撤销权，是指在信托关系中，当受托人违反信托目的处分信托财产或由于不当处理信托事务导致信托财产损失时，委托人有权向人民法院提出申请，撤销受托人的处分行为，并要求受托人恢复信托财产的原状或进行赔偿。同时，如果信托财产的受让人明知该处分行为违反信托目的而接受该财产，那么委托人可以要求受让人返还财产或进行赔偿。

根据我国《信托法》的规定，委托人的撤销权是一种法定权利，可以用来保护委托人的权益和信托财产的安全。当受托人违反信托目的，即超出或违背委托人所规定的信托目的范围，或者由于不当处理信托事务而导致信托财产损失时，委托人可以行使撤销权来维护自己的合法权益。也就是说，当受托人的行为超越或违背了委托人所规定的信托目的，在满足一定条件下，委托人可以行使撤销权，维护自身权益。

在行使撤销权时，委托人需要向人民法院提出申请，并提供相应的证据证明受托人的违规行为或不当处理导致了信托财产的损失。如果申请获得批准，受托人的处分行为将被撤销，信托财产应当恢复原状，或者受托人应当进行赔偿。

此外，如果信托财产的受让人明知受托人的处分违反了信托目的，仍然接受了财产，委托人也可以要求受让人返还财产或进行赔偿。这是为了防止违规受让人以不正当手段获取信托财产，维护委托人的合法权益。

需要注意的是，委托人行使撤销权的期限是自委托人知道或者应当知道撤销原因之日起 1 年内。如果委托人在 1 年内没有行使撤销权，将失去行使的机会。

马律师专业提示

委托人的撤销权是一项重要的权利,用于保护委托人的权益和信托财产的安全。委托人可以通过申请撤销受托人的处分行为,要求恢复信托财产的原状或进行相应的赔偿。撤销权的行使需要谨慎权衡利弊,并遵循相关的程序和条件。在信托关系中,撤销权的存在为委托人提供了一种有效的保护机制,确保信托关系的正常运作和委托人的利益得到维护。

共同守护：委托人和受益人可以行使的权利

赵先生想知道委托人和受益人有哪些共同权利，如果有权利冲突，应该如何处理？

专业解析

委托人和受益人在信托中享有一些共同的权利，这些权利旨在保障委托人对信托财产的监督和受益人对信托利益的享有，同时确保信托的透明度和合规性。以下是委托人和受益人共同享有的一些权利。

◉ 了解信托财产的管理和运用情况

委托人、受益人有权了解信托财产的管理运用、处分以及收支情况，并有权要求受托人提供相关说明。委托人、受益人可以查阅、抄录或复制与信托财产有关的信托账目和其他处理信托事务的文件。这一权利使委托人、受益人能够监督信托财产的使用情况，确保其符合信托目的和委托人的意愿。

◉ 调整信托财产的管理方法

在发生设立信托时无法预见的特殊情况，导致信托财产的管理方法不利于实现信托目的或不符合受益人的利益时，委托人或受益人有权要求受托人调整信托财产的管理方法。这一权利使委托人或受益人能够根据实际情况对信托进行调整，以最大限度地实现信托目的和受益人的利益。

◉ 撤销违反信托目的的处分行为

如果受托人违反信托目的处分信托财产，或者由于违背管理职责或处理信托事务不当导致信托财产受损，委托人或受益人有权申请人民法院撤销该处分行为，并要求受托人恢复信托财产原状或进行赔偿。如果受托人违反信托目的处分的财产被第三人知情接受，该财产应予返还或进行赔偿。委托人、受益人在发现撤销原因后的 1 年内未行使该撤销权,则该权利消灭。

◉ 解任受托人

如果受托人违反信托目的处分信托财产或在管理运用、处分信托财产中存在重大过失,那么委托人或受益人有权根据信托文件的规定解除受托人的职务,或者申请人民法院解除受托人的职务。这一权利使委托人或受益人能够对受托人的表现进行监督和管理,确保信托财产得到妥善管理和运用。

委托人和受托人共同享有这些权利,旨在确保委托人的权益和信托目的的实现。同时,这些权利也体现了信托制度的透明性和监督机制,保障了受益人的利益。

具体来说,信托是一种特殊的财产管理制度,委托人在设立信托时将自己的财产委托给受托人进行管理,以实现特定的目的或满足受益人的利益。在这个过程中,委托人和受益人共同拥有一些权利,可以确保信托的透明度、合规性和实效性。

同时,委托人和受益人在信托中的角色和地位不同,但他们共同拥有这些权利,以保障受益人的利益和权益。委托人作为信托的设立者和财产的原始所有者,通过这些权利可以对信托财产的管理和运用进行监督和干预,确保其符合自己的意愿和信托目的。受益人作为享有信托受益权的权利人,通过这些权利可以确保自己的权益得到充分保护和实现。

委托人和受益人共同权利的行使是在信任和合作的基础上进行的。委托人信任受托人能够按照信托目的和约定来管理和运用信托财产,受益人信任委托人能够保障他们的利益和权益。这种信任关系需要建立在法律和信托文件的约束下,双方通过共同行使权利来维护彼此的权益和达到信托的目标。如果委托人和受益人在权利行使时发生冲突,如受益人行使权利时,与委托人意见不一致,协商不成双方可以申请人民法院作出裁定。

马律师专业提示

委托人和受益人在信托中共同享有一些权利,这些权利使信托制度更加公正、透明和可靠。委托人通过对信托财产的监督和干预保护自己的权益,受益人通过对信托利益的享有实现自己的利益。双方共同行使这些权利,为信托的顺利进行和双方的利益达成提供了保障。如果委托人和受益人在权利行使时发生冲突,协商不成,那么可以申请人民法院进行裁判。

利益的舞台：委托人与受益人的平衡

赵先生开始思考委托人和受益人之间的利益关系。他担心，作为委托人，自己在世时是否可能面临受益人的利益冲突，以及如何应对这种情况？

专业解析

在信托中，委托人和受益人代表了两个不同的利益方。委托人设立了信托并将财产委托给受托人，以实现特定的目标。受益人则享有信托财产利益。两者的目标和需求有时可能不同，因此在一些情况下可能出现利益冲突。委托人通常希望保护和增值信托财产，同时确保受益人能够获得合理的利益。然而，委托人可能还有其他财务和家庭利益，可能会试图控制和管理信托财产以满足自己的需求。受益人的目标通常是获得信托财产的利益，以满足他们个人、财务或生活上的需求。他们可能希望从信托中获得更高的收益或更大的权益，以满足特定的利益和目标。

由于委托人和受益人的利益可能存在差异，因此可能引发潜在的利益冲突。例如，委托人可能希望在信托中保留更多的控制权或财产，受益人则可能追求获得更多的利益或更大的灵活性，这种冲突可能导致信托中的紧张关系和争议。

为了解决潜在的利益冲突，信托文件通常会明确规定委托人和受益人的权利、义务和限制。这些规定可以涵盖以下内容：

◉ 受益人权益

信托文件应明确规定受益人的权益，包括受益权的范围、取得方式和条件等。这有助于确保受益人能够获得合理的利益。

◉ 分配方式

信托文件可以规定受益人的分配方式，例如按比例分配、按固定金额分配或根据特定条件进行分配。这有助于利益分配方案的可执行性，减少潜在的利益冲突。

◉ 独立监察机构

为了监督信托的执行和保护受益人的利益，信托文件可以设立独立的监察机构，比如信托保护人。这样可以提供一个独立的机构来处理委托人和受益人之间的利益冲突，并确保信托的公正性和透明度。

建议在设立信托时寻求专业建议。专业人士可以根据委托人和受益人的具体情况，提供合适的信托结构和设计。他们可以帮助委托人制定明确的信托文件，以明确各方的权益和义务，以及处理潜在的利益冲突。

对于受益人而言，他们也应该了解自己的权益和权利，并在必要时寻求法律帮助。如果受益人认为委托人或受托人的行为不符合信托文件或不符合法律规定，他们可以通过法律途径维护自己的权益。

马律师专业提示

委托人和受益人在信托中的利益冲突是可能存在的。信托的目标是实现委托人意愿和受益人的利益，因此，平衡和维护各方的权益是信托管理中至关重要的一环。通过明确规定双方的权益和义务，设立独立的监察机构，以及受托人的职责和专业建议的引导，可以减少利益冲突的风险并保护各方的权益。双方应该保持沟通和理解，寻求共同的利益最大化，并遵守适用的法律和法规。在具体权利行使时，如委托人和受益人权利有冲突，且经协商无法达成一致的，也可以申请人民法院作出裁判。信托不仅是一种财产管理的工具，更是一种信任和合作的体现。

选择信托受益人：策划中的智慧抉择

赵先生想了解，在设置信托受益人时，哪些人能作为信托受益人，毕竟这会影响到信托的最终目的和效果。

专业解析

信托是由受托人接受委托人的意愿以自己的名义，为受益人的利益或者特定目的，管理或者处分信托财产的行为。可见，受益人是信托当事人中不可缺少的一方。哪些人可以作为受益人，可以享有信托利益，是信托方案设计时的一个基础问题。

根据我国《信托法》的规定，受益人是在信托中享有信托受益权的人。受益人由委托人指定，既可以是自然人，也可以是法人或依法成立的其他组织。因为受益人在信托当中基本上属于纯获收益的主体，所以对于受益人来说，并不要求其具有民事行为能力，只要有民事权利能力就可以。

在家族信托实务中，结合监管规定，家族信托的受益人主要包括以下情形：

◉ 委托人本人作为受益人

根据目前监管规定，委托人本人可以作为家族信托的受益人，但不能是唯一受益人。如果委托人想充分利用家族信托的资产隔离功能，那么委托人最好不要作为受益人。需要注意的是，与家族信托不同，参与集合资金信托计划的委托人必须是信托计划的唯一受益人。在监管关于其他类财富管理服务信托中，也有自益信托的情况。

◉ 委托人以外的其他个人

根据监管规定，家族信托的受益人应包括委托人在内的家庭成员，委托人不得为唯一受益人。对此，《民法典》第 1045 条规定，“亲属包括配偶、血亲和姻亲。配偶、父母、子女、兄弟姐妹、祖父母、外祖父母、孙子女、外孙子女为近亲属，配偶、父母、子女和其他共同生活的近亲属为家庭成员”。在家族信托实务中，对于受益人范围的限定，需要结合具体情况综合把握，具有一定灵活性。

◉ 慈善信托或慈善组织

委托人可以把家族信托当作开展慈善事业的工具，这时慈善机构或慈善信托可以作为家族信托的受益人。慈善捐赠不仅体现了委托人的社会责任，而且有利于对子孙后代的精神传承教育。对于委托人的慈善需求，除设立慈善信托或其他公益信托外，也可以在私益家族信托中体现部分慈善需求，例如慈善先行信托、慈善剩余信托、慈善子信托等。

委托人可以考虑将父母、子女等作为受益人，以确保财富能够为家族的多代人创造价值。此外，委托人还可以考虑加入部分慈善需求，有助于进行家族精神传承教育。

马律师专业提示

对于哪些人可以成为受益人，除了法律规定，还需要考虑信托目的、委托人和受益人之间的关系等因素。具体在家族信托实务中，信托公司的内部规定也会对受益人范围进行限定和调整，因此需要结合相关规定和具体情况来确定受益人。此外，对于其他好友或机构等作为受益人的情况，需要综合考虑合法性、合规性、利益保障等因素，并遵循相关法律和监管要求。最终，确保信托受益人的选择符合法律规定，并能够实现委托人的意愿和信托的目的。

受益人在信托中的义务

赵先生希望了解受益人除了享受信托的收益,是否有义务需要履行,以及他是否需要提前向受益人交代注意事项?

专业解析

信托受益人在信托关系中是重要的信托当事人,毕竟委托人设立信托就是为了受益人的利益。作为信托受益人,虽然是获得收益的,但为了信托的有效运行,在信托关系中也有一定义务和责任。尽管受益人的具体义务可能因信托结构、信托文件约定而有所不同,但仍有一些常见的受益人义务。

◉ 遵守信托文件

信托文件是设立信托和约定受益权的基础,体现了委托人设定的信托运用规则。作为受益人,应遵守信托文件中的规定,包括利益分配、权益行使和限制等内容。受益人应尊重并接受委托人设立信托的全部意愿,如果受益人不接受信托安排,那么可以选择放弃信托受益权。例如,赵先生设立信托时要求受益人不能转让信托受益权,则受益人就不能像传承理财信托一样,自由转让其享有的信托受益权。

◉ 提供信息和报告

根据法律规定和信托文件约定,受益人可能需要向受托人提供必要的信息和报告,以便作为信托财产管理方的受托人履行其职责和义务。例如,在信托设立时约定了受益人范围,此时受益人需要向受托人提交身份证明资料,以便顺利成为信托的受益人;又如,如果信托文件对信托利益分配设定条件,那么受益人在申领该等信托利益时,需要提供相关资料。另外,信托设立时及存续期间,受益人的身份、状态可能发生变化,也可能在一定程度上影响信托的运营和操作。比如,受益人国籍变更、税收居民身份变更、联络方式变化,或者委托人与受益人身份关系、婚姻状态变化,受益人账户信息变更等情形,以上情况受益人应及时通知受托人并进行有效沟通,以便受托人执行信托事务。

◉ 配合信托管理

信托是一个合作的体系,作为受益人,应积极配合信托管理和运作。这包括提供必要的信息和文件,与受托人合作,并履行与信托相关的合同义务。受益人承诺提交给受托人的各种文件,内容应该真实、合法、有效。信托公司作为受托人的,因为信托公司是金融机构,应有权机构的要求,需要进行反洗钱或其他必要调查,受益人需要向受托人提供相关的个人信息、资料等。受益人如果对信托的管理有疑虑或建议,那么应与受托人积极沟通,以寻求共同的解决方案。

◉ 合理行权

根据法律规定和信托文件约定,受益人有权行使相关权利。受益人应合理行权,不得损害其他相关方的合法权益,行权时还应考虑信托目的、维护信托财产的安全和稳定。因为受益人不仅是权益的享受者,也是整个信托体系的一部分,其合理的行为和履行的义务,关系到信托的运作效果和委托人意愿的实现。

◉ 依法纳税

作为受益人,应根据当地的法律法规,按时、足额地缴纳与信托收益相关的税费及其他费用,以保障信托运作的合法性和透明性。

马律师专业提示

尽管信托受益人主要是享受信托的收益,但也应履行一定的义务和责任。作为信托关系中的重要一方,受益人了解和履行自己的义务是至关重要的。其合理的行为和履行的义务将有助于维护信托的稳定性和可持续发展。同时,受益人也应充分了解自身在信托关系中的权益和责任,并与受托人等相关方保持良好的沟通和合作关系,以实现信托目的,并最大化自身的利益。

信托财产和信托受益权的区别

赵先生对信托的专业术语有些头痛，尤其是“信托财产”和“信托受益权”。他感到这两个概念似乎有些复杂，想深入地理解这两个概念有什么不同。

专业解析

“信托财产”和“信托受益权”是信托中两个核心的概念，在信托结构中扮演不同的角色。

◉ 基本概念

• 信托财产，家庭财富的基石

信托财产，是指由委托人通过信托给受托人的财产或资产，可以是现金、房地产、股票、股权等各种形式的财产。委托人将财产转移到信托中，不再直接拥有和控制这些财产，而是将其放置在信托结构下，由受托人按照信托文件约定管理和处理。换言之，信托财产的所有权已经转移到了信托结构中，委托人在信托财产上的权益取决于受托人是否遵守信托文件中规定的义务和条件。

在信托结构中，信托财产独立于委托人未设立信托的其他财产，是信托事务的核心资产。受托人负有管理和保护信托财产的责任，并按照信托文件中的指示进行管理、投资和分配。例如，赵先生以资金设立家族信托，他交付的资金，以及受托人基于对资金的管理、运用和处分而获得的其他收益，都属于信托财产。当然，基于信托所产生的负债、债务等，也是由信托财产承担的。

• 信托受益权，享受收益的权利

信托受益权，是指受益人在信托中享有的权益和权利，包括对信托财产所产生的收益、分配和其他权益的享有。受益人根据信托文件的规定，享有从信托财产中获得的利益和收益。例如，赵先生以自己、小赵为受益人，其作为受益人享有的获取信托利益的权利就是信托受益权。

信托受益权体现着受益人在信托结构中的法律地位和权益，代表着受益人对信托财产的利益享有权利。受益人根据信托文件中的规定,有权获得信托财产产生的收益、分配或其他形式的利益。受益人可以是一个人、多个人、组织或慈善机构,其受益权的性质和范围在信托文件中明确规定。

信托受益权通常是可转让和可继承的,受益人可以将其受益权转让给其他人,或在受益人去世后将其受益权通过遗嘱或法定继承方式传给其他继承人。

◉ 区别和关系

尽管信托财产和信托受益权在信托结构中具有不同的角色和功能,但它们是相互关联的。以下是它们之间的主要区别和关系。

- **归属权**

在信托设立环节,信托财产的所有权和占有权已经从委托人转移到了信托结构中的受托人,委托人不再直接拥有和控制这些财产。而信托受益权是受益人所享有的权利,表示受益人在信托结构中的法律地位和权益。受益人并不直接享有信托财产。

- **控制权**

受托人作为信托财产的法定拥有者和管理者,负有管理和保护财产的责任。受托人按照信托文件约定履行职责,对信托财产进行管理、运用和处分。受益人对信托财产无权直接干预或管理信托财产。

- **收益权**

信托财产产生的利益、收益和分配归属于信托受益人享有。受益人根据信托文件的规定,享有从信托财产中获得的利益。信托受益权的性质和范围由信托文件明确定义。

- **转让和继承**

信托受益权在信托结构中具有可转让性,受益人可以将其受益权转让给他人。受益人还可以通过遗嘱或法定继承将其受益权传给其他继承人。但信托财产由受托人享有,受托人按约定对信托财产进行管理、运用,并向受益人进行信托利益的分配。

马律师专业提示

“信托财产”和“信托受益权”是信托制度的重要概念，对这两个概念的把握，有助于理解信托制度。信托财产是信托结构中的核心资产，由受托人管理和保护。信托受益权则是受益人在信托中享有的权益和权利，代表着受益人对信托财产的利益享有权。信托财产和信托受益权在信托结构中相互依存，受托人负责管理财产，受益人享有财产所产生的利益。

委托人本人是否能作为家族信托的受益人

赵先生想知道,我国监管规定家族信托委托人不能是唯一受益人,那么委托人本人是否能作为家族信托的受益人?

专业解析

根据我国目前监管的规定,在家族信托中,委托人本人不能是唯一的受益人,也就是家族信托不能是完全自益信托。这主要是因为家族信托的目的是管理、保护和传承家庭财富,而不仅仅是委托人本人的利益。如果赵先生有其他需求,可以考虑其他财富管理信托业务类型。

委托人在设立家族信托时,通常会指定家族成员作为受益人。这些受益人可能包括委托人的子女、配偶、孙子女等亲属。通过设定受益人,委托人可以确保财富在一定程度上得到保护和传承,并为家族成员提供经济福利、教育资助、医疗保障等。此外,委托人在设立家族信托时可以考虑自身的利益。例如,委托人自身的生活费用、医疗、养老等费用。

需要注意的是,委托人在设立家族信托时应遵守信托法律和相关法规的规定。委托人不能滥用信托,以获取不当利益或逃避法律责任。总的来说,委托人本人可以作为家族信托的受益人。虽然家族信托的主要目的是管理和保护财富、为家族成员提供福利和支持,不过委托人可以设定自己成为信托的受益人之一。委托人作为受益人的情况通常情形如下:

◉ 健康和福利保障

委托人可能设立家族信托,以确保自己在老年时获得适当的健康照顾和生活福利。例如,委托人可以设定信托条件,使信托财产用于支付医疗费用、护理费用或提供其他生活所需。

◉ 退休规划

委托人可以将家族信托用于退休规划。在设立信托时，委托人可以规定金额分配给自己，在退休后维持生活质量。

◉ 经济支持

在信托利益分配上，可以设置一些触发条件。例如，委托人可能面临意外事故、疾病或财务困难，需要信托财产提供帮助和支持。

需要强调的是，委托人作为受益人的情况应该是合理且符合法律规定的。在设立家族信托时，委托人必须遵守相关的法律和规定，并确保信托计划不会违反诚信原则、逃避法律责任或滥用信托结构。

此外，委托人还需要注意信托的长远目标和整体家族利益。即使委托人作为受益人之一，也应考虑其他家族成员的利益和需要，并确保信托财产的合理分配和管理。

马律师专业提示

虽然家族信托的主要受益人通常是家族成员，但委托人可以自己成为信托的受益人之一。委托人可以自己作为家族信托的受益人，还可以将其子女、父母等其他亲属作为受益人。

信托中的非婚生子女作为受益人

赵先生与前妻李女士有一女儿小赵。目前他正与王女士处于恋爱关系,还没想好是否结婚。随着感情的发展,他开始考虑如果二人以后未结婚便有了孩子小小赵,能否将非婚生子女纳入家族信托的受益人范围?

专业解析

根据我国《民法典》的规定,非婚生子女享有与婚生子女同等的权利,任何组织或者个人不得加以危害和歧视。无论是婚生还是非婚生子女,都是血亲,在基于身份产生的法定权利上不会有实质差异。这意味着,非婚生子女与婚生子女一样,如果作为信托受益人,在家族信托中将享有同等的权益和地位。因此,委托人的非婚生子女作为家族信托的受益人,在法律上没有障碍。在实际操作中,委托人将非婚生子女作为家族信托的受益人可能会面临一些实际问题和挑战。以下是一些需要考虑的因素。

◉ 身份证明、亲子关系认定

为了确保非婚生子女的身份和亲子关系,委托人可能需要提供相关的证明材料,如身份证、户口簿、出生证明、公证书、亲子鉴定等。这些材料可以帮助受托人确认非婚生子女与委托人的亲子关系。如果以上材料无法证明亲子关系,则需要到医疗机构做亲子鉴定。

◉ 配偶的同意

在“设立信托与配偶同意的关系”章节中,介绍了我国夫妻财产制度与设立信托的关系。如果赵先生有配偶,涉及夫妻共同财产处分的,那么需要配偶对设立信托事项表示同意。将非婚生子女作为受益人也需要得到配偶的同意。委托人应与配偶进行沟通,并签署配偶同意函,明确配偶同意将非婚生子女列为家族信托的受益人,并同意信托文件中关于财产分配和受益人权益保护等事项。通常这种情况沟通难度较高，需要平衡和安抚配偶，并作出适当合理安排。但是赵先生与李女士已经离异，在赵先生和李女士夫妻共同财产已经合法分割的情况下，就不涉及是否需要取得配偶同意的问题。

◉ 信托文件约定

委托人应仔细编制信托文件，明确非婚生子女的权益保护和监护人的指定等条款。这些条款应确保非婚生子女的权益得到妥善保护，并与其他受益人的权益进行平衡。

马律师专业提示

需要注意的是，每个具体的信托安排都可能因个人或家庭情况的差异而有所不同。因此，委托人在设立家族信托并将非婚生子女作为受益人时，应确保符合相关法律规定，并能够妥善保护非婚生子女的权益。如果赵先生是单身状态，那么非婚生子女的安排相对好处理；如果是已婚状态，那么就相对复杂了。这也是复杂家庭关系经常面临的一种难题。

信托的传承与机遇：未出生后代作为家族信托的受益人

赵先生听信托客户经理毛经理介绍，未来子孙后代也可以作为信托受益人。他希望将财富传递到第四代、第五代。

专业解析

在家族信托计划中，未出生的后代是可以成为受益人的。但是，在设立家族信托时，需要考虑未来的不确定性，并妥善处理好信托财产的管理问题。

◉ 未出生的后代是否可以作为家族信托的受益人

根据我国《信托法》的规定，受益人(包括具体受益人以及受益人范围)必须确定。受益人从什么时候开始享有信托利益，须由法律规定或者信托文件规定。一般来说，受益人从信托生效之日起享有信托受益权，如果信托文件另有规定的，则从其规定。在信托安排中，未出生的后代可以作为受益人。对于未出生的潜在受益人，可以通过设定受益人范围和信托受益权取得条件等来实现。信托是一种灵活的财富管理工具，通过设立信托并将财产或资产作为受益人的利益，可以为未出生的后代提供长期的财务保障。需要注意的是，未出生的后代在设立信托时并不存在，因此在信托文件中需要明确规定他们作为受益人的条件和权益。

◉ 如何确定未出生的后代的受益人身份

为了将未出生的后代确定为受益人，信托文件需要进行明确约定。一种常见的做法是在信托文件中明确指定未来出生的后代作为受益人之一。这可以包括对后代身份和关系进行的详细说明，如姓氏、父母身份等，是否为直系血亲等。另外，信托文件还可以设定条件，只有在后代达到特定年龄或完成特定条件(如年龄满25周岁)后，才能成为受益人。这种方式可以确保后代只有在符合设定的条件后，才能享受受益权。

为了确认未出生的后代作为受益人，可以设定相应的确认程序。这可能包括向信托受托人提供相关证明文件，如出生证明、关系证明文件、公证文书、判决书等。确认程序应在信托文件中详细说明，并确保程序的可操作性和证明的合法性。这样，在后代出生时，根据信托文件的规定，经过受益人确认程序后，他们可以成为受益人。

家族信托中可能存在多个受益人，包括已经出生的和未出生的后代。在制定信托文件时，需要平衡各个受益人的利益，并确保他们之间的权益得到公平对待。这可以通过在信托文件中设定明确的分配条款和规则来实现。

马律师专业提示

未出生的后代可以作为家族信托的受益人，但在设立信托时需要明确受益人范围和确定标准，约定他们的身份和权益。信托文件应详细规定未出生后代成为受益人的条件和确认程序。对于委托人来说，家族信托已经不仅仅是金钱的问题，更意味着对家族价值的延续，对子孙后代的关怀，以及家庭财富传承愿景的实现。通过在家族信托中设定未来受益人，可以为家族的未来铺路，让财富和情感在时光中传递。

友情与财富：好友是否能作为信托的受益人

赵先生有一位多年挚友张先生，他们在彼此困难时相互扶持，在成功时共同分享。他想知道，是否可以将张先生作为信托受益人，为他提供一定的经济支持，表达自己的情谊和祝福。

专业解析

在信托中，将好友设为受益人是有可能性的。虽然大部分信托受益人是家庭成员，有血缘或姻亲关系，但有些人员与委托人有特殊的关系，甚至超越了血缘关系。这种情况属于特殊情况。如果是信托公司作为受托人，各家机构的风控尺度可能存在差异，需要根据具体情况进行评估和决策。有的信托公司接受非家庭成员作为信托受益人，有的信托公司则不接受。以下是一些需要考虑的关键因素。

◉ 身份关系和目的

需要考虑双方的关系，设立信托的目的是什么，双方是否存在不当利益输送，是否涉及洗钱等违法犯罪行为。在充分合理情况下，是有一定空间的。毕竟信托设立人作为具有行为能力的人是可以合法处分其财产的，且信托是一种财产管理工具，如果信托可以实现设立人的愿望，那么在合法合规合理的基础上，对于将好友设为受益人的情况，是有一定可行性的，只不过这种情况会相较于亲属关系审核更加严格和审慎。

◉ 意愿和意图

委托人设定家族信托时，应准确表达其意图和目的。如果委托人明确希望将好友纳入受益人之列，并为其提供特定的权益和福利，那么将好友设为受益人是符合委托人意愿的。例如，赵先生希望为好友张先生提供医疗和养老保障，就可以约定信托分配的收益用于张先生的大额医疗支出、养老所需等。

◉ 家族共识和家族规划

如果是对夫妻共同财产或家庭共有财产进行处分的，那么建议家庭内部达成共识，以免产生纠纷。

◉ 法律和监管要求

家族信托的设立必须符合当地法律和监管机构的规定。在确定好友作为受益人的同时，需要确保相关法律要求和限制得到遵守，并避免违反任何法律规定，例如不能有违法反洗钱、利益输送等情况。这是底线性要求。

在决定将好友设为受益人时，委托人还应考虑信托的长期稳定性和双方关系情况。委托人可以在信托文件中对好友取得、丧失信托受益权，分配信托利益的情形进行明确约定，以防止滥用信托和不当行为。最后，委托人应在设立信托之前进行充分的尽职调查和评估。

马律师专业提示

对有些人来说，家族不仅仅是血缘关系，还可以是深厚的友情和信任，这种纽带能够将财富传承和情感传递融为一体。而且，信托不仅是管理财富的工具，更是连接人心的桥梁，传递着设立人的美好意愿和期盼。

外籍人士是否能作为信托受益人

赵先生想了解，如果女儿小赵成年后在国外定居，获得了外国国籍，是否可以将小赵作为国内家族信托的受益人？

专业解析

需要注意的是，移民不一定代表国籍转变。移民有两种方式：一种是取得外国永久居留权，但本国国籍不变；另一种是加入外国国籍。

移民也有不少风险，尤其是移民前未作专门的身份规划、税务规划、资产规划，将导致后续在税务成本、婚姻、继承等方面存在风险或障碍，甚至为家庭财产的管理与传承埋下隐患。比如，放弃美国永居或国籍的，还要缴纳一笔高昂的弃籍税。早在2005年，中国"玻璃大王"福耀玻璃集团创始人董事长曹某某就选择全家抛弃美国身份，最终缴纳了2.8亿美元税。又如，身份除永居或国籍外，还涉及税务身份。目前，我国法律不承认双重国籍，拥有双重国籍的人士有时会误判自己的"税籍"，导致一国收入漏报或多报，进而留下民事、行政风险隐患。而且，国籍不完全等同于税收居民，某人是否为一国的税收居民，是根据税法而不是国籍判断的。

那么，外国国籍人士，是否可以作为国内家族信托的受益人？

◉ 法律规定

根据我国《民法典》的规定，在中国领域内的民事活动适用中国法律。因此，只要不属于被中国法律禁止的外籍人士，其所享有的民事权利均受中国法律保护。关于外国的自然人和法人能否成为受益人，《信托法》对此未作明确的限制，原则上可以作为受益人。也就是说，从法律规定上看，外籍人士可以作为中国国内家族信托的受益人，但需要遵守中国的法律法规。

◉ 实务操作

外籍人士作为受益人的实务操作可能存在一些限制和注意事项。

以美国为例，美国税收居民的海外账户税收合规法案要求，海外金融机构需要向美国政府报告美国税收居民在海外的资产信息，这增加了信托公司作为受托人的合规风险。因此，具体操作需要考虑受益人所在国家或地区的税收政策和法律要求，并与信托公司协商制定相应的方案。

近几年，为了满足客户需求，针对外籍受益人的家族信托也有一定实践。一些特定的家族信托架构针对不同的国籍和税收居民身份进行设计，比如，针对美籍受益人的外国赠与人信托，针对加拿大籍受益人的祖母信托。其中，祖母信托的架构适用于委托人非加拿大籍、受托人非加拿大境内公司，而受益人为加拿大籍的情况。通过祖母信托，委托人可以在将境内财富传承给加籍后代的过程中，获得税务上的便利和优惠。不同国家的法律和税务政策存在差异，需要根据受益人所在国家的具体情况来制定定制化的方案。

马律师专业提示

外籍人士可以成为中国国内家族信托的受益人，但在具体操作中应遵守相关法律法规并考虑信托公司的限制措施。建议在设立家族信托并约定外籍受益人时，寻求专业人士，以确保合法性和规范性，并根据具体情况进行相应的安排和程序。此外，在外籍受益人等特殊情形下，因为涉及多个法域的专业服务，通常涉及的费用成本会相对更高。

信托受益人变更：定制传承的灵活性

赵先生心中充满了对财富传承的期许。他明白，在信托中，受益人的选择与权益分配是至关重要的。然而，随着时间的推移，财富状况可能会发生变化。因此，他想知道，在设立了信托受益人之后，是否还有调整的余地，以及如何进行受益人的变更？

专业解析

家族信托是他益信托，即受益人和委托人不是同一人。根据我国《信托法》的规定，除非符合以下情形，否则委托人不能擅自变更或处分受益人的受益权。

◉ 受益人对委托人有重大侵权行为

侵权行为，是指故意或过失侵害他人财产权、人身权或其他合法权益的行为。重大侵权行为，是指侵权行为人的行为具有恶劣的主观性质或手段，或对他人的合法权益造成严重损害。虽然委托人通常不能随意剥夺受益人的受益权，但如果受益人对委托人实施重大侵权行为，给委托人的人身、财产或其他合法权益造成重大损害，基于社会正义和道德要求，委托人可以变更或处分该受益人的受益权，以剥夺其全部或部分受益权。

◉ 受益人对其他共同受益人有重大侵权行为

委托人设立信托，以使多个受益人从中获利。如果某一受益人对其他共同受益人实施了重大侵权行为，给其他受益人的合法权益造成损害，基于维护其他受益人权益，委托人可以变更或处分该受益人的受益权。

◉ 经受益人同意

信托受益权作为受益人的权利，受益人原则上可以自由处置。因此，受益人可以同意委托人变更或处分自己的受益权，从而放弃全部或部分受益权。

◉ 信托文件规定的其他情形

除上述法定情形外，委托人还可以在信托文件中规定其他情形下的变更或处分受益人的受益权，即委托人可以在设立信托的文件中保留变更或处分受益人受益权的权利。

在我国的家族信托中，委托人通常在信托成立后保留了较大的权利，包括变更受益人的权利。委托人变更受益人的具体操作方式取决于信托合同的规定。对于赵先生来说，除了法律规定的上述情况，他可以和信托公司沟通约定受益人变更、受益份额比例调整等具体信托文件条款。在一般情况下，赵先生需要提出书面申请，说明变更受益人的原因和具体方案，并提交相关证明材料，然后经过受托人的审核，方可实施变更操作。在变更受益人时，赵先生需要考虑变更操作的合理性和合法性。

马律师专业提示

通过法定及约定方式，信托委托人在信托成立后可以根据自身需求和实际情况，通过变更受益人来调整家族信托的受益方案，以实现对财富的有效管理和传承。变更受益人需要遵循信托文件的约定并经过受托人的审核。需要注意的是，变更受益人涉及信托的权益调整和资源分配，可能对已有受益人产生影响。因此，在进行变更操作时，委托人应谨慎决策，并确保操作符合相关法律法规的规定和信托文件的约定。

能否设置多个受益人

赵先生想知道是否能设置多个受益人？以及有哪些需要特别注意的方面？

专业解析

信托可以设置多个受益人，也就是共同受益人，这是非常常见的情况。一般而言，在家族信托中，委托人会根据家族的实际情况，选择设置多个受益人，以满足家族成员的不同需求。共同受益人对信托利益所享有的份额可以是均等的，也可以是不均等的，具体根据信托文件规定。如果信托文件对信托利益的分配比例或者分配方法未作规定的，那么应当按照平等的原则分配信托利益，即各受益人按照均等的比例享受信托利益。

在设置多个受益人时，需要注意以下几个方面，以确保家族信托的稳定和有效性。

◉ 确定受益人的身份和权益比例

在家族中有多个潜在受益人的情况下，需要明确每个受益人的身份和权益比例。这可以根据家族成员的实际情况来确定，例如，根据子女的人数和贡献度来分配权益比例，以保证每个家族成员的权益得到合理的保障。

◉ 确定受益人的分配方式

家族信托的分配方式有多种，可以按照比例分配或按照条件分配等。这需要根据家族的实际情况来确定受益人的分配方式，以确保家族成员能够按照约定的方式获得信托利益。

◉ 防止家族内部矛盾

在设置多个受益人时，家族内部可能会出现利益冲突的情况。为了避免矛盾的发生，在信托方案设计时，需要注意平衡各个家族成员的权益，发挥信托作为利益平衡机制的作用。

另外，还需要考虑受益人的变更和继承问题。家族成员可能会发生变化，例如有新的子女出生或某些成员去世。在这种情况下，需要及时修改家族信托的受益人，以确保信托能够适应家族的变化，并保障家族成员的权益。此外，还需要考虑受益人的继承问题，以确保家族信托能够长期有效地发挥作用，实现财富的传承和管理。

马律师专业提示

家族信托可以设置多个受益人，以满足家族成员的不同需求。在设置多个受益人时，需要明确受益人的身份和权益比例，确定受益人的分配方式，防止家族内部矛盾，同时要考虑受益人的变更和继承问题。通过合理的规划和管理，家族信托可以为家族成员提供长期的财富保障和管理。对于委托人来说，可以将其想保护、关爱的人设为信托受益人，如子女、配偶、未出生后代、外甥、侄子等，也可以做一部分慈善捐赠。

信托灵活性：通过条件或事件确定受益人或分配收益

赵先生不确定是否将父母老赵先生和老孙女士纳入家族信托受益人的范围，他想通过特定条件或事件将他们确定为受益人或分配收益，而不是现在就直接确定，他的想法能实现吗？

专业解析

在信托安排中，受益人的身份并不一定需要在一开始就明确确定，也不用信托成立后就分配收益。根据特定条件或事件来确定受益人或分配收益是可行的。以下是一些常见的情况和条件。

◉ 年龄条件

信托文件可以约定，受益人的身份取决于达到特定年龄，或者受益人年满一定年龄后，才能领取信托收益。这样做的目的是确保受益人只有在成年或具备一定成熟度之后，才能享受信托的利益。家族信托通常采用这种方式，以保护年轻一代的利益并培养他们的独立生活能力。此外，赵先生可以规定，只有在父母老赵先生和老孙女士达到特定年龄（如退休年龄）时，才能成为信托的受益人，享有信托受益权，并取得获得信托利益分配的权利，以此为老赵先生和老孙女士提供一定的养老财务支持。

◉ 教育条件

信托文件可以约定，受益人必须完成特定的教育或培训，如获得学位或职业资格，才能领取信托收益。这样做的目的是鼓励受益人接受良好的教育，并确保他们具备一定的知识和技能来使用这些收益。

◉ 婚姻条件

信托文件可以约定，受益人的身份取决于是否结婚。这种情况下，信托的目的可能是鼓励受益人建立家庭，以及早婚。不过需要注意，这种方法应慎重考虑，因为它可能对受益人的个人选择产生影响。因此，赵先生应该确保这种条件与家庭的价值观和期望相一致。

◉ 成就条件

信托文件可以约定，受益人的身份取决于他们在特定领域的成就或表现。例如，只有在艺术、体育、学术或商业等领域取得特定的成就，才能成为受益人或者获得收益分配。这样做的目的是鼓励受益人发展自己的才能，并以此为基础来分配信托财产。

◉ 特定事件

信托文件可以约定，受益人的身份取决于特定的事件发生。

马律师专业提示

可以对受益人取得信托受益权设定条件，但该条件应该是具体的、相对客观的，且可衡量的，否则很难判断条件是否成就，或者对条件是否达成产生争议。委托人可以考虑通过特定条件或事件来确定父母的受益人身份，以确保信托资金在他们最需要时提供支持和保障。例如，他可以考虑设置年龄条件等，以确保他们在特定情况下能成为受益人或向他们分配收益。这样的安排可以根据他们的实际需求和情况，灵活调整信托受益人的身份。

保障信托稳定性：受益权的转让问题

赵先生有个不安的问题，他担心女儿小赵以后花钱大手大脚，如果自己发生意外，小赵就会不受约束，将财产挥霍一空。如果他设立家族信托后，小赵在没钱时将信托受益权转让出去，可能会损害他设立信托的初衷。他想知道，是否能对小赵转让信托受益权进行限制？

专业解析

根据我国《信托法》的规定，信托受益人的信托受益权可以依法转让和继承，但信托文件有限制性规定的除外。所谓信托受益权的转让，是指不改变信托受益权的性质和内容，受益人将其信托受益权移转给他人的民事法律行为，也就是受让人成为新的受益人。这意味着在信托文件中可以添加特定的条款，明确规定受益人不得擅自将其受益权转让给他人。

信托受益权的转让和继承是可以合法进行的，但具体是否可以转让以及转让的条件和方式取决于法律规定和信托文件约定。

信托受益权原则上可依法自由转让，但是要受信托文件中限制性规定的约束。对于家族信托来说，通常在信托文件中约定的对受益权转让的限制，主要包括以下两个方面：一是在信托文件中直接约定受益权转让的限制。委托人和受托人在设立信托的书面文件中，可就信托受益权的转让作出禁止性的规定，或者限制信托受益权受让人的范围。例如，赵先生为了避免小赵挥霍财富，可以在信托文件中设定受益权转让的限制条款，以防止小赵将其受益权转让给其他人。二是受信托目的的限制。信托是委托人为受益人的利益，将其财产委托受托人管理和处分的制度，因此信托受益权的行使应不违背信托目的。比如，委托人设定信托，由受托人以信托财产的收益作为受益人的抚养费，如果受益人将其受益权转让给第三人，即使信托文件没有规定受益人不能转让其受益权，但是这一转让将使信托目的无法实现，因此这种转让会受到限制。

赵先生设立家族信托的一个重要目的是防止小赵挥霍财富。因此，为了实现这个目的，他可以在信托文件中增加对受益权转让的限制条款。这样，即使小赵在赵先生去世后试图将信托受益权转让给他人，她也会受到信托文件约定的限制。具体来说，可以在信托文件中约定关于限制信托受益权转让的条款，比如，除本合同另有约定外，受益人不得以转让、赠与、质押等任何方式处分其所拥有的受益权。受益人擅自处分其受益权的，对委托人和受托人均不发生法律效力。

如果信托文件允许信托受益权的转让，那么在一般情况下，受益人可以通过书面协议或其他合法的方式将其受益权转让给他人。转让过程可能需要满足一定的法律要求和程序，例如需要办理相关的转让手续等。

马律师专业提示

信托受益权原则上可以转让，但具体是否可以转让以及转让的条件和方式应根据法律规定以及信托文件约定来确定。在设立家族信托时，应当根据自身的需求和情况考虑是否允许受益权的转让，并在信托合同中作出明确的规定。通过在信托文件中添加明确的限制性规定，可以有效地控制信托受益权的转让。这样，委托人可以更加放心地设立家族信托，以实现对后代的财务保障和对财富的有效管理。

传承与延续：信托受益权的继承问题

赵先生对信托受益权转让已经有了一定了解，他想知道信托受益权是否可以继承，以及受益人去世后信托受益权会如何处理？

专业解析

根据我国《信托法》的规定，信托受益人的信托受益权可以依法转让和继承，但信托文件有限制性规定的除外。信托受益权是一项权利，与信托受益权是否可以转让类似，信托受益权通常可以继承。

继承，是指被继承人死亡后，其遗产转移给继承人的法律制度。继承分为遗嘱继承和法定继承。所谓法定继承，是指继承人的范围、顺序和继承的财产份额都由法律直接予以规定的继承方式。在没有遗嘱、遗赠或其他约定财产安排情形下，适用法定继承。法定继承开始后，被继承人的遗产按照法律规定的顺序继承，同一顺序继承人继承遗产的份额，一般应当均等。对于法律规定应当多分或者少分遗产的，应当按照法律的规定分配遗产。所谓遗嘱继承，是指继承人按照被继承人的遗嘱继承被继承人遗产的继承方式。被继承人生前立有合法遗嘱的，其遗产应当由遗嘱指定的人承继。信托受益权作为受益人的一种财产权，在受益人死亡时应当列入其遗产，由其继承人继承。在受益人未立有合法遗嘱或者在法律规定的情形下，适用法定继承；受益人生前立有合法遗嘱的，其信托受益权应当由遗嘱指定的人继承。

受益人可以在遗嘱中指定受益权由哪些继承人继承，以确保受益权在其去世后按照其意愿传递。当然，基于意思自治原则，信托文件可以对受益权的继承进行特别规定。信托文件可能规定受益权的继承方式、继承人的资格条件等。如果赵先生设立家族信托，他自己是信托受益人，在允许信托受益权继承的情况下，他可以在遗嘱中明确信托受益权由哪位继承，后续事件发生后，按信托文件约定办理信托受益权变更。同时，如果赵先生想约定信托受益权禁止继承，对信托受益权的继承作出限制，那么也需要在信托文件中明确该受益人发生继承后，其享有的信托受益权如何处理，比如按比例分配给届时存续受益人，或其他安排等。

马律师专业提示

原则上信托受益权可以继承，但信托文件有限制约定的除外。确保信托受益权的顺利继承，需要遵守继承法律规定以及信托文件约定，并可能需要进行必要的法律程序和文件处理。这为委托人提供了多种方式来传承和延续其财富，同时也可以在文件中设置限制以保障财产的合理管理和使用。

受益人的选择：放弃信托受益权

赵先生现在已经知道信托受益权可以转让、继承，他还想知道受益人是否可以放弃信托受益权，如果受益人放弃信托受益权，那么家族信托是否会受到影响？

专业解析

受益人是享有信托受益权的主体。受益权作为一种权利，受益人可以放弃信托受益权。当然，放弃这项权利是以享有这项权利为前提的，不享有也就无所谓放弃。放弃信托受益权并不是一个轻松的决定，因为一旦放弃，受益人将无法再享有信托受益权，无法领取信托收益，也无法行使作为信托受益人的相关权利。信托受益人在作出决定前需要慎重考虑，并遵循相关规定程序。放弃信托受益权虽然可能会导致受益人失去权益，但在某些情况下，权衡利弊后，放弃可能是必要的，例如避免税收风险等。

放弃信托受益权通常采取书面形式，需要由受益人自愿操作，通常包括正式的书面声明以及可能的人民法院确认。过程中需要确保受益人了解其决定的法律后果，并且确实是自愿的。这有助于防止任何不当影响或压力导致的放弃行为。

受益人放弃信托受益权，对已经设立的家族信托会产生哪些影响，取决于放弃的方式和信托文件的规定，主要有全体受益人放弃信托受益权和部分受益人放弃信托受益权两种情形。

◉ 全体受益人放弃信托受益权的，信托终止

信托是为了受益人利益或特定目的设立的，如果全体受益人放弃信托受益权，那么信托目的无法实现，该信托终止。信托财产归属于信托文件规定的人，信托文件未规定的，则归属于委托人或者其继承人。对于公益慈善信托来说，信托财产的权利归属人是不特定的社会公众，经公益事业管理机构批准，受托人应当将信托财产用于与原公益目的相近似的目的，或者将信托财产转移给具有近似目的的公益组织或者其他公益信托。例如，如果赵先生的女儿小赵是信托的唯一受益人，她放

弃了受益权，那么整个信托就会终止，信托财产可能为根据信托文件确定的权利归属人所有。

◉ 部分受益人放弃信托受益权的，信托继续存续

仅有部分受益人放弃信托受益权的，此时仍然存在其他受益人，信托目的尚未实现，信托继续存续。部分受益人放弃的信托受益权可以按照下列顺序确定其归属。

信托文件规定的人：委托人在信托文件中对被放弃信托受益权的归属人有约定的，从其约定。

其他受益人：当信托文件对被放弃的信托受益权的归属人未作约定的，结合信托目的，其他受益人可以作为被放弃部分受益权的归属人。

委托人或者其继承人：当信托文件未对被放弃的信托受益权的归属人进行约定，其他受益人也不想要该部分被放弃信托受益权的，则该等信托受益权可以由委托人或其继承人享有。

需要注意的是，放弃信托受益权后，被放弃的受益权往往是不可恢复的。因此，受益人在作出放弃决定之前应慎重考虑，并充分了解可能的后果和影响。

放弃信托受益权可能对家族信托产生影响。如果所有受益人都放弃受益权，家族信托将失去受益人，信托无法继续存在，信托财产将根据信托文件规定的归属规则分配。这可能导致家族信托终止，不再实现原本的信托目的。

马律师专业提示

受益人可以放弃信托受益权，但在放弃前需要仔细考虑，并遵循相关规定和程序。在家族信托中，受益人放弃受益权可能会改变财产分配计划和信托财产的归属。因此，委托人在设立家族信托时，应充分考虑受益人放弃受益权的可能性，并在信托文件中作出明确的规定，以确保家族信托在受益人放弃受益权的情况下能够继续有效运作。

家族信托受托人的资格

赵先生听说,在我国只有信托公司能作为家族信托的受托人。他想了解作为受托人是否需要一定资质、资格。

专业解析

受托人在信托关系中扮演着非常重要的角色。根据我国《信托法》的规定,"受托人应当是具有完全民事行为能力的自然人、法人。法律、行政法规对受托人的条件另有规定的,从其规定"。所以说,原则上自然人、法人都可以作为信托的受托人,只有信托公司才能作为信托受托人的说法是不准确的。需要注意的是,信托公司是以信托业务为主营业务的商事主体,是正规持牌的金融机构,仅有信托公司能作为营业信托的受托人。对于民事信托来说,自然人同样可以作为受托人。在遗嘱信托的李某案例中,受托人就包括李某的兄弟姐妹,即自然人作为受托人。

受托人的资格要求是具备完全民事行为能力的自然人或法人。这意味着受托人需要有一定的能力和资格来管理、运用和处置信托财产。对于自然人受托人来说,具备完全民事行为能力是最基本的要求。对于法人受托人来说,要求其是合法设立并获得法人资格的组织。

一般来说,自然人和法人都可以担任受托人。然而,特定类型的信托活动可能会有特别的规定,例如,专门从事信托业务的机构,也就是信托公司,在我国属于非银行金融机构,需要监管审批才能开展业务。目前国内只有 67 家信托公司,可以通过金融监管部门官网查询金融许可证信息。

在选择家族信托的受托人时,需要综合考虑以下因素。

◉ 信任和可靠性

受托人必须是值得信任的人或机构,因为他们将负责保护和管理家族信托的财产。这包括道德品质、专业素养和历史记录的考量。

◉ 专业知识

信托可能涉及复杂的财务和法律安排，需要受托人具备相关的专业知识和经验。信托公司通常拥有专业团队，可以更好地满足这些要求。

◉ 合规和监管

信托公司通常受到严格的监管和法规约束，可以尽量确保家族信托的合规性。这对于避免潜在的法律风险非常重要。

◉ 管理能力

受托人需要有效地管理信托财产，包括投资、税务和财产分配等方面。与自然人相比，信托公司通常拥有更强大的管理能力。

◉ 制度和流程

信托公司通常具备更完善的制度和流程，以确保信托的顺利运作。这包括记录保管、报告编制和风险管理等方面。

综上所述，虽然自然人可以作为民事信托的受托人，不过相比而言，信托公司比一般自然人更为专业，可以借助其组织能力、金融服务，当然相对成本也更高些。对于复杂的家族信托，建议寻求专业机构作为受托人。这既可以利用信托公司作为金融机构的资产管理服务，也可以借助其合规、风控和系统能力来确保信托的安全与稳定。同时，专业机构受托人更具可靠性，可以有效防范个人道德风险，并在治理、管理和制度等方面更为完善。

马律师专业提示

信托公司可以作为受托人，自然人也可以作为受托人，不过对于相对复杂的情况，建议找信托公司作为家族信托受托人。就机构和个人而言，机构更可靠，可以有效防范个人的道德风险，同时机构在治理、管理、机制等方面更为健全。

受托责任：受托人的义务

赵先生发现受托人在信托中承担着重要职责，起着重要作用，对于将自己的财产交给他人管理，自己失去掌控力，他还是不能完全放心。因此，他想知道对于受托人，一般都有哪些义务进行约束。

专业解析

受托人的基本义务是信托制度中不可或缺的一部分。受托人承担着管理、运用和处分信托财产的重要责任。为确保信托的有效运作，法律上对受托人的基本义务作出了明确规定，使之成为法定的义务，同时也是受托责任的体现，为受托人的行为提供了具体的准则。

受托人应当遵守信托文件的规定，并以受益人的最大利益为前提来处理信托事务。这意味着受托人必须按照信托文件的规定来管理、运用和处分信托财产，不得超越或背离信托文件的约定。同时，受托人必须致力于实现受益人的最大利益，以取得最佳效果。这一义务要求受托人将受益人的利益放在首位，不得将自己的利益置于与受益人利益相冲突的位置，确保其行为始终符合道德规范和法律要求。

受托人有义务恪尽职守，履行诚实、信用、谨慎和有效管理的义务。这意味着受托人必须忠实地履行自己的职责，以诚实和信用的态度对待其他信托当事人的利益。受托人在处理信托事务时必须慎重、严谨，注重信托财产的安全，避免因自己的过错导致信托财产损失。同时，受托人还应有效地管理信托财产，保护受益人应得的利益。这些要求不仅是道德要求，也是法律对受托人行为的具体规范。

受托人除按照《信托法》规定获得报酬外，不得利用信托财产谋取自身利益。如果受托人违反这一规定，利用信托财产谋取自己的利益，其所得利益应归入信托财产。这一规定旨在确保受托人在管理信托财产时只以受益人的利益为依据，不能将自己的利益与受益人的利益相混淆。如果受托人以信托财产谋取个人利益，按照法律的要求这种利益将归入信托财产，以保护受益人的合法权益。这是受托人的法定义务，同时也是受益人的权利。

受托人有义务保持信托财产的完整和安全。受托人不得将信托财产转为自己的固有财产，如果违反此规定造成信托财产损失，那么应当恢复信托财产的原状，并承担相应的赔偿责任。这一规定旨在防止受托人利用信托财产转移、侵占财产，保证信托财产的安全和完整性。如果受托人违反规定将信托财产转为自己财产的，那么按照法律的要求其应将信托财产恢复到受侵害前的状态，并承担由此造成的损失赔偿责任。

受托人不得将自己的固有财产与信托财产进行交易，也不得将不同委托人的信托财产进行相互交易，除非信托文件另有规定或经委托人或受益人同意，并以公平的市场价格进行。这是因为受托人在信托财产管理中同时拥有自己的财产和不同委托人的财产，为了防止交易不公平导致某种财产的损害，所以对这类交易进行了限制。不过，如果在特定条件下经过严格审查或控制，那么仍然可以进行有限制的交易。受托人如果违反了上述规定并造成信托财产损失，那么应承担相应的赔偿责任。

受托人有保存信托事务完整记录的义务，确保对信托事务的处理过程有清晰的记录。此外，受托人还有依法向委托人和受益人定期报告信托财产的管理、运用、处分和收支情况的义务。这一举措旨在确保受托人对信托财产的管理和运作透明，并使委托人和受益人能够及时了解相关情况。

受托人有依法保守委托人、受益人以及信托事务的情况和资料的保密义务。这是为了保护委托人和受益人的隐私权，确保信托事务的保密性和安全性。

以上所述的受托人的常见义务是基于信托制度的特点和受托人的角色所确定的。这些义务的目的是保障委托人和受益人的合法权益，确保受托人以专业和负责任的态度履行管理信托财产的责任。受托人的义务不仅是法律上的规定，也是信托制度的基础，它们共同构成了信托关系的稳定性和可靠性。只有受托人充分履行义务，信托制度才能发挥其应有的作用，保障委托人和受益人的权益。

马律师专业提示

受托人不仅仅是财产的管理者，更是信托关系的守护者，需要在法律框架下以诚信、专业、谨慎、勤勉和尽责来履行各项义务，确保信托关系的稳定和受益人的权益。在未来的决策中，委托人应该更加慎重地选择受托人，以实现他的财富传承计划。

受益人是否可以变更、选任信托受托人

赵先生想知道，除自己可以选任受托人外，受益人是否可以选择或变更受托人，尤其是在自己过世之后是如何处理的？

专业解析

赵先生的问题的答案取决于法律法规规定、信托文件约定等情况。

◉ 法律法规的规定

我国《信托法》规定，"受托人职责终止的，依照信托文件规定选任新受托人；信托文件未规定的，由委托人选任；委托人不指定或者无能力指定的，由受益人选任；受益人为无民事行为能力人或者限制民事行为能力人的，依法由其监护人代行选任"。也就是说，当信托文件没有约定，以及委托人过世或者无行为能力情况下，受托人职责终止时，受益人是有权指定新受托人的。需要注意的是，对受益人行使受托人选任权设置了若干前提条件，并非置于受托人的任意变更前。这是因为受托人是基于委托人的信任而选任，而不是受益人的选任。

◉ 信托文件的约定

信托文件是信托安排的核心，明确规定了信托的目的、管理方式、受益人权利和责任等重要事项。信托文件由委托人在设立信托时起草，其中可以包含对受托人的指定或规定。在某些情况下，委托人可能在信托文件中授权受益人选择新的受托人或提出受托人的建议。比如，在委托人发生死亡，被宣告死亡、失踪，成为无民事行为能力人、限制民事行为能力人等特殊情况下，委托人无法正常行使其在信托项下权利，需要由其他第三方进行权利行使。此时，委托人可以设置信托保护人；或者将受托人选任权交给全体受益人，受益人通常需要遵守一定的程序和条件来行使此权利，如必须经过一定受益人人数比例才能作出有效决议；或者委托人非常信任受托人，没有将受托人选任的权利赋予受益人，这体现了信托制度的灵活性。

◉ 信托类型的影响

信托可以分为可撤销信托和不可撤销信托。在可撤销信托中，委托人通常保留一定的权力，因此更容易允许受益人参与选择受托人。在不可撤销信托中，委托人通常放弃了控制权，受托人的选择和替换可能受到更多限制。

◉ 特定情境的考虑

有些信托可能在特定情境下允许受益人选择受托人。例如，信托设立时，受益人年龄尚小，委托人考虑到受益人没有独立决策能力，就约定受益人过了 25 岁之后可以行使一些特殊权利。

马律师专业提示

受益人是否可以选择信托的受托人是一个复杂的问题，取决于多种因素。在实际操作中，通常需要考虑委托人的意愿、受益人的情况。如果委托人希望受益人在其发生特殊情况时享有一定权利，那么需要在信托文件中进行明确约定。而且如果受益人为多人，需要对表决机制进行明确约定，以便相关约定是具备可行性的。

受托人的权利

赵先生明白受托人在信托中承担重要职责,他想知道,在一个信托中,受托人都有哪些权利。

专业解析

通常权责利是对等的,受托人作为信托财产的管理者,在履行职责的同时,也享有一些特定的权利。这些权利基于委托人的信任和信托文件的约定,同时也有法律的规定。

◉ 取得报酬的权利

《信托法》规定,“受托人有权依照信托文件的约定取得报酬”。具体报酬的有无和数额,主要根据信托文件的约定确定。有些信托可能并不设立报酬,而有些营业性信托则通常会规定报酬。信托当事人可以在信托文件中明确约定受托人的报酬,并在协商一致的基础上进行调整。如果信托文件没有事先约定报酬的,那么经信托当事人协商同意,也可以进行补充约定。但是,如果没有事先约定报酬且没有补充约定的,受托人不能收取报酬。

◉ 优先受偿的权利

受托人享有优先受偿的权利,是指在特定情况下,受托人可以优先从信托财产中获得偿还费用和债务的权利。根据我国法律规定,如果受托人在处理信托事务时,支付了与信托财产相关的费用或对第三方负有债务,这些费用和债务应由信托财产承担。如果受托人以其固有财产先行支付了这些费用和债务,那么受托人有权从信托财产中优先获得偿还。然而,如果受托人违反了管理职责或处理信托事务不当,导致自身承担债务或遭受损失,那么受托人将以其固有财产承担责任,不能以信托财产承担。

受托人的权利是根据《信托法》规定产生的，同时受到信托文件的约束。在行使这些权利时，受托人应该遵守信托文件的规定和《信托法》的要求，始终以委托人和受益人的利益为优先考虑。受托人的权利和责任是相互关联的，只有在履行了受托人的责任和义务之后，才能享有相应的权利。

总的来说，受托人作为信托财产的管理者，享有取得报酬和优先受偿的权利。取得报酬的前提是信托文件的约定，并根据协商一致的原则进行补充约定。受托人在取得报酬时应遵循合理、公正和合规的原则。受托人还享有优先受偿的权利，但这必须符合特定的条件，例如，费用和债务应由信托财产承担，并且受托人先行支付了这些费用和债务。

信托受托人的权利与责任是信托制度中的重要组成部分。只有在权利与责任相平衡的基础上，受托人才能更好地履行信托职责，保护委托人和受益人的利益。

马律师专业提示

受托人的权利在法律和信托文件的框架下，旨在激励受托人更好地履行责任，保护受益人的利益。这些权利的行使应当在专业和合规的原则下进行，与受托人的责任相互协调，以实现信托关系的稳定和受益人利益的最大化。选择受托人不仅是考虑其专业能力，也需要关注其权利与责任的平衡。

受托人如何管理多个信托

赵先生在考虑设立信托时，发现同一家信托公司会管理很多信托。他希望了解受托人是如何管理不同信托的，是否会混同不同信托的财产？

专业解析

赵先生的这个问题涉及受托人的分别管理义务。受托人在管理信托财产时必须遵循分别管理的原则。这一原则的目的是确保信托之间的独立性，防止不同信托财产之间的权益混淆，并保证各自的利益能够清晰计算。分别管理是一项强制性的措施，要求受托人将信托财产与其个人财产以及不同委托人的信托财产进行分开管理和记账，旨在确保信托财产的独立性和透明度。

受托人必须将信托财产与其个人财产进行分别管理和分别记账。这意味着受托人不能将信托财产与自己的个人财产混淆在一起，而是要将它们进行清晰的区分和管理。通过分别记账，受托人能够准确记录信托财产的运营情况，包括收入、支出和资产变动等。这能够保护委托人的权益，防止受托人利用信托财产从中谋取私利。

受托人还必须将不同委托人的信托财产进行分别管理和分别记账。在一个受托人管理的信托中，可能存在多个委托人，每个委托人都有其独立的信托财产。为了确保每个委托人的权益得到保护，受托人需要将不同委托人的信托财产进行分别管理，并分别记账。这样做的目的是避免不同委托人之间的利益冲突和混淆，确保每个委托人的财产能够独立计算和追踪，维护他们的利益。

分别管理的形式上体现在分别记账，这是确保受托人遵循分别管理原则的重要手段。通过分别记账，受托人能够清楚地记录和追踪每个信托财产的运作情况，包括收入、支出、资产增值等。这有助于提高信托财产的透明度和合规性，同时也方便了委托人和受益人对信托财产的监督和评估。受托人应当建立健全的记账制度，确保每个信托财产都能够得到正确的记录和处理。

分别管理信托财产是确保信托制度稳健运行和受益人权益的重要措施。通过明确规定受托人的义务和责任，保障了信托的独立性和透明度，有效防范了潜在的利益冲突和财产损失。受托人应严格遵守分别管理原则，维护委托人和受益人的合法权益，以及信托制度的公正、公平和可信度。在实际操作中，信托公司作为受托人的，信托公司还应建立健全的内部控制和管理机制，确保信托财产的分别管理得以有效实施。

总之，信托财产的分别管理是信托制度中的重要原则和要求。受托人作为信托财产的管理者，必须遵循分别管理的规定，确保信托财产与固有财产和不同委托人财产的分离，以保护委托人和受益人的利益。

马律师专业提示

分别管理原则是保障不同信托之间独立性和保护委托人、受益人权益的关键手段。分别管理不仅涉及财产的分离，也涉及透明记账，通过这些措施，受托人能够更好地履行其职责，维护信托制度的稳定和可信度。

避坑：如何选择合适的受托人

赵先生觉得受托人非常重要。不过，现在国内有60多家信托公司，要从众多的信托公司中选择出合适的受托人并不是一件容易的事。他想了解在挑选受托人时，应该考虑哪些方面来避坑。

专业解析

如何挑选受托人是成功设立信托的关键因素之一。结合实务，选择合适的受托人需要考虑以下几个方面：

◉ 专业素养和信誉

选择具有专业知识和经验的信托公司，能够帮助赵先生管理财产并确保他的利益得到最大限度的保护。建议关注信托公司的战略规划、投研能力等，选择具备相关资质和丰富经验的受托人，确保他们能够提供专业的信托管理服务，并在信托财产的投资、保管和管理方面具备高水平的能力。此外，受托人的信誉和声誉也应是选择的重要考虑因素，避免选择不可靠的受托人。

◉ 风险控制和合规性

评估受托人的风险管理和合规控制能力，确保他们能够有效保护信托财产的安全，并符合相关法律法规和监管要求。

◉ 经营规模和财务实力

选择具备足够经营规模和财务实力的受托人，确保信托公司能够长期稳定地提供信托管理服务，并满足信托财产的管理和运作需求。除了整体经营管理规模，可以重点关注财富管理信托业务开展规模、信托业务主要类型等。

◉ 服务水平

选择具备良好服务态度和高水平服务的受托人，能够满足委托人和受益人的需求。良好的沟通和及时的反馈是一个好受托人的重要特征。可以重点关注财富管理信托服务团队人数、人员构成、团队支持辐射地域范围、信息服务系统等。

◉ 费用和收费结构

了解受托人的费用和收费结构，确保其合理性和透明度。避免选择收费过高或存在隐含费用的受托人，以保护委托人和受益人的利益。

◉ 投资策略和业绩表现

对于信托公司主动全权管理的信托模式，需要评估受托人的投资策略和过去的业绩表现，确保他们能够为信托财产实现良好的投资回报，并在风险管理方面具备一定的优势。

◉ 地理位置

建议赵先生选择距离他所在地方便的信托公司，这将有助于他更好地与信托公司交流和合作。如果是异地服务的，建议关注团队支持辐射地域范围。

在选择受托人时，可以采取一系列步骤来确保选择合适的人选。以下是一些常用的步骤：

◉ 调研和背景核查

在开始选择受托人之前，进行充分的调研和背景核查是必要的。可以查阅信托公司的官方网站、相关资质和认证文件，了解信托公司的历史、专业资质、经验和信誉、股东背景等方面的信息。同时，可以通过搜索引擎和信托行业的专业媒体，了解更多关于该信托公司的信息和评价，重点关注有没有负面舆情，或其他风险隐患。

◉ 会面和访谈

在初步筛选出潜在的信托公司后，如果赵先生设立的信托规模较大，可以与信托公司服务人员进行会面和访谈，以进一步了解他们的专业能力、态度和工作方式。在会面过程中，可以提问关于信托管理经验、投资策略、风险控制和合规性等方面的问题，以评估受托人的能力和适合程度。

◉ 参考和推荐

寻求他人的参考和推荐也是选择受托人的重要步骤。可以咨询已经与该信托公司合作过的人，包括其他委托人或投资者，了解他们的经验和评价，以提供更客观的观点和参考。

◉ 专业咨询

如果需要额外的帮助和指导，那么可以寻求专业顾问或信托专家的建议。其可以提供对受托人选择方面的指导和专业知识，帮助如赵先生等信托委托人作出明智的决策。

马律师专业提示

选择合适的受托人需要考虑多个因素。通过综合分析和评估，委托人可以选择一家可信度高的信托公司，以达到他的财富管理目标。需要注意的是，选择受托人是一个重要且复杂的过程，需要进行充分的调查和评估。在决策过程中，建议保持理性思考，权衡利弊，并根据自身的需求和目标做出决策。信托关系的建立是长期的合作，因此选择一个合适的受托人对于信托的成功至关重要。

选择受托人不仅仅是选择一个人或一家公司，更是选择一个与我们共同管理和保护财富的伙伴。通过慎重的选择，可以建立起一种稳定、可靠的信任关系，实现财富增长和传承目标。

信托的多受托人设置

赵先生觉得选择受托人很重要。本着分散风险的想法,他想知道是否能选择多个受托人,即让两个或更多的受托人共同管理信托财产。

专业解析

在信托中,委托人可以根据自己的需求和信托财产的管理情况,选择设立一个或多个受托人来共同管理信托财产。共同受托人,是指多个受托人共同接受同一信托的情况。在遗嘱信托的李某案例中,李某所立遗嘱中就是将妻子、三兄妹作为共同受托人的。对于多受托人,需要注意以下几点:

◉ 共同受托人的定义和条件

共同受托人,是指在同一信托中有两个或两个以上的受托人共同接受委托人的信托安排。共同受托人必须满足两个条件:一是受托人必须是同一信托的受托人;二是同一信托的受托人必须是两个以上。

◉ 共同受托人的权利义务

• 共同处理信托事务

共同受托人应当共同处理信托事务,平等地行使受托人的权利。虽然可以根据信托文件对某些具体事务进行分工处理,但对于重要事务,共同受托人应共同协商决策。

• 处理意见不一致的情况

当共同受托人在处理信托事务意见不一致时,根据信托文件的规定进行处理。若信托文件没有明确规定的,委托人、受益人或利害关系人可以做出最终决定。

• 连带清偿责任

共同受托人在处理信托事务时,对第三人所负债务,应当承担连带清偿责任。这意味着每个共同受托人都有义务承担全部债务,债权人可以向其中任何一个共同受托人追偿。

- **意思表示对其他受托人有效**

第三人对共同受托人之一的意思表示对其他受托人同样有效。在共同受托人与第三人之间形成了一层法律关系,第三人的意思表示只需对其中一个共同受托人作出即可,无须对逐个受托人作出。

- **违反信托责任的连带赔偿责任**

如果共同受托人之一违反信托目的处分信托财产或违背管理职责,导致信托财产受到损失,那么其他受托人应承担连带赔偿责任。这意味着共同受托人是作为一个整体承担责任的,一个受托人的违约行为将影响其他共同受托人的责任。

◉ 多个受托人的优势与考虑因素

- **提高管理透明度和稳定性**

设立多个受托人可以增加信托管理的透明度和稳定性。共同受托人之间可以相互监督和制衡,避免单一受托人可能带来的风险和不确定性。

- **分工协作提高效率**

多个受托人可以根据各自的专长和能力分工协作,分别负责不同方面的管理工作。这样可以提高信托管理的效率和专业性,更好地实现委托人的目标。

- **注意管理成本和复杂度**

设立多个受托人可能会增加信托管理的成本和复杂度。委托人在决定设立多个受托人时,需要充分权衡各方面的利弊,确保管理成本和复杂度的合理性。

- **职责分工和协作机制**

在设立多个受托人时,需要明确的职责分工和协作机制。信托文件应详细规定多个受托人之间的权利义务、利益分配等,以确保管理的顺畅和协调。

- **家族特点和需求**

财富管理信托,尤其是家族信托,通常涉及财富的传承和管理,因此考虑家族特点和需求是决定是否设立多个受托人的重要因素。家族成员之间的信任关系、家族价值观和目标等都应被充分考虑。

马律师专业提示

实务中,基于商业考虑,多受托人的情况并不多见。信托公司作为受托人为常见情形,但多家信托公司作为同一信托共同受托人的情况较少,比较常见的是公益慈善信托中,信托公司和慈善组织作为共同受托人的情形。总之,理论上,信托可以设置多个受托人。设立多个受托人可以提高信托管理的透明度和稳定性,但同时需要考虑管理成本和复杂度,并建立明确的职责分工和协作机制。

信托公司尽职调查，都查什么

信托公司让赵先生提交很多资料，说要做尽职调查。他想知道，这具体都要查什么，做什么用？

专业解析

尽职调查是信托公司在与委托人进行信托业务合作前进行的一项重要程序，主要是信托公司对委托人的资质、信誉、财务状况等进行全面评估，以确保信托业务的合规性和风险控制。尽职调查的具体内容和深度，可能因各信托公司的内部要求而有所不同。其中最重要的是财产来源合法性、信托目的正当性等，以下是一些常见的尽职调查方面。

◉ 委托人的身份和背景调查

信托公司会核实委托人的身份信息，包括个人身份证明、家庭关系情况、国籍情况、税务居民身份等。此外，信托公司还可能进行背景调查，了解委托人的社会地位、从业经历、家族背景、诉讼纠纷情况、是否属于受制裁人员等，以评估其信誉、可靠性以及法律风险。对于征信报告，具体各家信托公司要求会有不同，有些信托公司需要，有些信托公司则没有做强制要求。

◉ 家族背景调查

对于财富管理信托，尤其是家族信托，信托公司可能会对委托人的家族背景进行调查，了解家族成员的情况、家族历史、家族价值观，以及委托人与受益人关系等，这有助于评估委托人的家族传承意愿和信托的长远目标。

◉ 财产来源调查

信托公司会对委托人的财产来源进行审查，确保财产来源合法、合规。这可能涉及对委托人的收入来源、纳税记录等进行审查，判断拟作为信托财产而交付的财产是否为委托人合法所有并有处分权的财产，资金是否涉及非法活动或洗钱行为等。

◉ 信托目的调查

信托公司可能会与潜在客户进行深入沟通，了解其设立信托的动机、期望和目标，评估其信托目的的合法合规性。

◉ 委托人的未来规划调查

信托公司可能会了解委托人的未来规划，包括退休计划、子女教育计划、慈善事业规划等，以确保信托方案符合委托人的长期目标。

◉ 财务状况评估

信托公司会对委托人的财务状况进行评估，包括资产负债等审查。通过评估委托人的财务实力和偿债能力，信托公司可以确定信托业务的可行性和风险水平。如果委托人财务情况不好，就需要考虑是不是为了逃废债而设立信托。

◉ 风险承受能力评估

信托公司会评估委托人的风险承受能力，了解其对投资风险的接受程度，进行投资风险测评。这包括评估委托人的投资经验、资产配置偏好、财务目标等因素，以确定委托人风险承受能力，以及适合的投资策略。

马律师专业提示

以上列举的调查方面仅为常见的尽调事项，具体的尽职调查内容可能因信托公司的具体要求和业务性质而有所不同。尽职调查的目的是全面评估委托人的背景、能力、财产来源、风险承受能力等，以审核信托业务的合规性、安全性和可持续性。这样的调查不仅有助于信托公司了解委托人的情况，也为委托人提供更好的信托服务打下基础。

信托管理篇

信托财产账户的独立性与保障

赵先生想知道,《信托法》规定受托人管理的信托财产和固有财产相区别,那么对于信托公司来说,是如何将信托财产和其固有财产进行区别的,是否会混同?

专业解析

信托财产的账户与受托人的固有账户分开,是信托运作中的重要原则之一。这个原则可以确保信托财产的独立性、透明度和安全性,保护委托人和受益人的利益。

◉ 独立性和隔离性

将信托财产的账户与受托人的固有账户分开,以确保信托财产的独立性。这意味着信托财产的资金、资产和交易记录与受托人的个人财产完全隔离,不会与受托人的固有财产混淆。这种隔离性可以防止受托人将信托财产与个人财产混淆使用或滥用。

◉ 透明度和监管程度

分开账户可以提高信托财产的透明度和监管程度。信托财产的账户独立于受托人的固有账户,使监管机构和受益人及其他信托关系人能够更容易地审查和核对信托财产的资金流动和交易记录。这样可以确保信托财产的运作符合法律和法规的要求,保护受益人的权益。

◉ 资产保护

将信托财产与受托人的固有账户分开,有助于保护信托财产免受受托人固有债务或财务风险的影响。如果信托财产与受托人的固有账户混合在一起,那么一旦受托人面临财务困境或债务追偿,信托财产可能会受到影响,导致受益人的利益受损。分开账户可以降低这种风险,保护信托财产的安全性和稳定性。

◉ 财务报告和审计

将信托财产的账户与受托人的固有账户分开，可以更方便地进行财务报告和审计（如有）。信托财产的账户独立于受托人的固有账户，财务报告和审计过程更加清晰和准确。这有助于提高信托财产管理的透明度和可信度，为委托人和受益人提供更可靠的财务信息。

◉ 风险管理

分开信托财产的账户和受托人的固有账户可以更好地管理风险。通过将信托财产独立存放在专门的账户中，可以降低受托人的个人风险对信托财产的影响。如果受托人面临个人财务风险或法律纠纷，那么信托财产将不受其影响，仍能够按照信托文件和受益人的权益进行管理和分配。

◉ 合规要求

将信托财产账户与受托人的固有账户分开，是遵守金融监管机构和法律法规的合规要求。通过遵守这些要求，信托可以避免违反法律法规，并降低违规风险。

在具体操作上，为了实现将信托财产的账户与受托人的固有账户分开，下面是一些常见的做法和措施：

◉ 开设独立账户

信托财产应该在受托人名下开设独立的账户，与受托人的固有账户完全分开。例如，信托合同中信托专户和信托公司收取信托报酬的账户是不同的，信托报酬的收取账号是信托公司的一个固有财产账号。

◉ 严格资金分离

受托人应确保信托财产的资金与固有财产完全分离，不得混用或混淆资金流动。

◉ 独立核算和报告

信托财产的账户应进行独立核算和报告，与受托人的固有账户分开，确保财务信息的准确性和透明度。对于信托项目来说，信托公司按照法律规定和信托文件约定，履行信托披露义务。

◉ 限制授权和访问权限

受托人应限制对信托财产信息的授权和访问权限，确保只有受益人和相关监管机构可以获取必要的信息。例如，信托项目的信息披露报告仅有该项目的委托人、受益人及相关主体才有权利进行查阅、下载，一般设置了加密保护措施。

◉ 资产托管措施

受托人可以选择安全可靠的银行作为托管人，保管信托财产，主要是资金类信托财产。

◉ 文件和记录管理

信托财产的交易记录和相关文件应妥善管理和保管，确保完整性和可追溯性。

◉ 内部控制和合规程序

受托人应建立健全的内部控制和合规程序，以确保信托财产的账户安全，并遵守相关法律法规和合规要求。

◉ 受托人责任和义务

受托人应遵守职业道德和法律规定，以诚实、忠诚和勤勉的态度管理信托财产的账户，保护受益人的利益。

马律师专业提示

将信托财产的账户与受托人的固有账户分开是信托运作中的重要环节，以确保信托财产的独立性、透明度和安全性。分开账户可以保护受益人的利益，降低风险，提高财务管理的透明度和可信度。为实现分开账户，受托人应遵守相关规定，确保信托财产的账户独立、安全。

受托人在反洗钱和反恐怖融资法律规定中的职责

赵先生听信托客户经理毛经理说，信托公司除了要对他做尽职调查，还要进行洗钱和反恐怖融资的调查，他想了解这具体是什么意思？

专业解析

受托人在履行信托管理职责时，必须遵守反洗钱和反恐怖融资法律的规定，对客户进行相关洗钱调查。这些旨在预防和打击非法资金流动和恐怖主义活动，并确保金融体系的安全性和透明度。以下是受托人在反洗钱和反恐怖融资方面的职责和义务。

◉ 审查受托人的客户身份

受托人在与委托人和受益人建立关系时，必须进行客户尽职调查，以核实其身份和背景。这包括获取有效的身份证明文件、了解客户的资金来源和业务背景，并进行风险评估。

◉ 监测资金流动

受托人需要对信托财产的资金流动进行监测，以确保资金的合法性和透明性。受托人要密切关注可疑交易，如大额现金存取、频繁的资金转移和与不寻常业务相关的交易。

◉ 报告可疑交易

报告可疑交易是保护金融体系安全的重要手段。如果受托人发现任何可疑的交易或活动，符合反洗钱和反恐怖融资风险指标，受托人有责任向相关的监管机构报告，并遵守报告义务。

◉ 建立合规制度

受托人应建立和维护一套合规制度，以确保其操作符合反洗钱和反恐怖融资法律的要求。这包括制定内部政策、程序和控制措施，培训员工，进行内部审核和监督，并与外部合规机构合作。

◉ 保留记录和文件

受托人需要保留与客户身份、交易记录和反洗钱措施相关的所有记录和文件。这些记录应妥善保存，并可供监管机构进行审查和检查。

◉ 合作与配合

受托人应积极与监管机构、执法机构和其他相关方合作，提供所需的信息和协助。委托人、受益人或其他相关主体应配合调查，提供相关的资料和证据，并积极响应监管机构的要求和指令。

◉ 持续监测和更新

受托人应不断监测反洗钱和反恐怖融资法律的变化，并及时更新其合规措施和程序。

在信托关系中，委托人和受益人都需要遵守国家反洗钱规定以及其他相关规定，确保没有利用信托财产进行洗钱或非法利益输送的行为。同时，受托人也有权对受益人的身份和信息进行审核，以落实反洗钱相关规定。

反洗钱是一项重要的全球性任务，旨在防止犯罪分子通过洗钱手段掩盖非法资金的来源，并将其转化为合法资产。在信托关系中，委托人必须遵守国家反洗钱规定，确保所提供的信托财产来源合法，不得将信托用于洗钱活动或非法利益输送。这是委托人的法律义务，也是对金融体系的一种保护。

受托人在信托运作过程中扮演着重要的角色，其责任之一是确保信托的合法性和合规性。为了履行反洗钱的要求，受托人有权对受益人的身份和信息进行审核。如果受托人有合理理由怀疑委托人指定或变更的受益人涉嫌洗钱活动或进行不正当利益输送，受托人有权拒绝该受益人的指定或变更。

在分配信托利益时，监管部门或信托专户开户行可能要求提供信托利益合法合理来源的证明文件或其他反洗钱材料。如果委托人、受托人或受益人无法或难以提供这些材料，将存在受托人或信托专户开户行难以分配信托利益的风险。这也意味着受益人可能无法及时获得或无法获得信托利益。

反洗钱措施的实施是为了维护金融体系的稳定和透明，防止非法资金的流动。信托作为一种重要的财产管理工具，也需要履行反洗钱的职责。委托人和受益人应积极配合受托人的反洗钱审核工作，并提供必要的材料和信息，确保信托财产的合法性和可追溯性。

马律师专业提示

反洗钱对于信托关系具有重要的意义。委托人、受益人和其他相关主体应遵守反洗钱规定，确保信托财产的来源合法和运作合规。受托人有权对受益人的身份和信息进行审核，并根据相关要求进行信托利益的分配。通过共同努力，为委托人和受益人提供可靠的信托服务。

信托公司破产了怎么办

在 2023 年 5 月,新华信托被人民法院宣告破产。赵先生想知道,如果信托公司破产了,他设立的信托会怎么办?

专业解析

信托公司破产是一种极端的不幸情况,对于信托公司、委托人、受益人和社会都会造成不良影响。2020 年 7 月,原银保监会宣布对新华信托进行接管,在两年接管期内,债务重组不顺。2022 年 6 月,原银保监会发布关于新华信托股份有限公司破产的批复。而后同年 7 月,重庆市第五中级人民法院依法裁定受理新华信托提出的破产清算申请。2023 年 5 月,人民法院作出裁定,正式宣告新华信托破产。这是自 2001 年我国《信托法》施行以来首家进入破产程序的信托公司。其实早在 2014 年,新华信托就被监管部门暂停了相关信托业务,所以新华信托并没有存量的家族信托。不过,新华信托破产带给我们的启示是,委托人选择受托人要更加谨慎。

根据我国《信托法》的规定,信托财产与受托人固有财产是分开的,不得归入受托人的固有财产或成为其一部分。因此,即使在信托公司被依法解散、被依法撤销或被宣告破产的情况下,信托财产不属于信托公司的清算财产。

法律明确规定了信托财产与受托人固有财产的区别,信托财产不与受托人的债务相抵销。这意味着信托公司在管理、运用和处分信托财产时所产生的债权不会与信托公司的债务相抵销。同时,不同委托人的信托财产所产生的债权债务也不得相互抵销。

此外,监管部门对于信托公司的监管也是保障客户利益的重要措施。国家金融监管总局对信托公司进行监督管理。一旦监管部门发现信托公司存在经营问题或信用危机,可以采取法定接管措施,保护客户的利益。

为了防范信托公司破产的风险,信托公司应该制定严格的风险管理和控制体系,加强内部控制制度的建立,注重人才培养和管理等措施。委托人在选择信托公司时，也应进行全面的评估和选择，选择有信誉、实力和专业的信托公司，以确保信托财产的安全和保护受益人的权益。关于如何挑选受托人，具体详见对应章节内容。

万一信托公司破产了，委托人和受益人有两个选择。一是选择终止信托。委托人可以选择终止信托，将信托财产返还给委托人或按照信托合同约定的方式进行处理。这意味着信托财产将不再由信托公司管理，而是由委托人自行处理或转交给其他受托人。二是选择变更受托人。委托人可以选择变更受托人，将信托财产的管理权转交给其他可信赖的受托人。虽然信托公司破产不会令信托必然终止，不过如果信托公司存在挪用信托财产的情况，这就会对信托财产造成影响，从而影响委托人或受益人权益，委托人或受益人可以通过法定程序向信托公司要求赔偿。

马律师专业提示

信托公司破产是一种极端情况，监管部门、信托业保障基金以及信托公司的风险管理措施都是信托财产安全的重要保障机制。委托人在选择信托公司时，应进行全面评估和谨慎选择，并了解相关的法律规定和保障措施，以确保信托财产的安全和受益人的权益。

受托人辞任，信托会终止吗

设立家族信托，信托期限较长，通常会跨代。赵先生担心，如果受托人辞任，不想作为受托人了，那么信托会终止吗？

专业解析

受托人辞任是否会影响信托的持续存在，是一个重要问题。根据我国《信托法》的规定，信托并不会因受托人的辞任而自动终止。然而，受托人的辞任需要遵守一定的程序，并采取相应的措施来确保信托财产的安全。信托公司作为受托人的，通常很少出现辞任情况；自然人作为民事信托受托人的，需要关注个人辞任情况。

首先，根据我国《信托法》的规定，设立信托后，经过委托人和受益人的同意，受托人可以辞任，受托人的辞任并不会导致信托的终止。而且受托人辞任的，在新受托人选出前仍应履行信托事务的职责。这意味着即使受托人辞任，信托关系仍然存在，并继续有效。

在实际操作中，信托文件可以明确约定受托人辞任的具体流程。例如，信托文件规定受托人需要提前多长时间通知委托人或受益人，或保护人等相关主体，以及如何进行信托财产和信托事务的移交等。

当受托人辞任时，委托人、受益人有责任及时接收受托人的辞任通知，并采取适当的措施来保障信托财产的安全。委托人或受益人可以根据信托文件的规定或与受托人达成的协议，委任新的受托人来继续履行受托人的职责。委托人还可以采取其他措施，如要求受托人在辞任前履行一定的义务，以确保信托的正常运作。

在选择受托人时，委托人应该考虑到受托人的专业素养、经验和可信度。此外，信托文件中应当明确规定受托人辞任的相关事项，以便在需要时能够及时采取行动。

综上所述，受托人的辞任并不会导致信托的终止，但委托人需要根据信托文件的规定，及时接受辞任通知，并采取相应的措施来确保信托财产的安全。因此，委托人在设立信托时应慎重选择受托人，并在信托文件中明确约定受托人。当受托人辞任时，以委托人在世情况为例，建议委托人采取以下措施：

◉ 及时通知

就受托人辞任情形，委托人应及时通知相关方。这样可以确保各方了解受托人的辞任情况，并能够作出相应的调整。

◉ 寻找新受托人

委托人需要寻找合适的人选来接替受托人的职责。选择新受托人时，应考虑其专业能力、信誉和可靠性等因素，以确保信托财产的有效管理和保护。

◉ 信托文件修改

委托人可能需要对信托文件进行修改，以体现新受托人的任命和相关变更。这样可以确保信托文件与实际情况一致，并为新受托人提供合法的权利和责任。

◉ 信托财产和信托事务的移交

在新受托人选定后，委托人应协调受托人之间的顺利交接。这包括将信托财产的管理权转移给新受托人，并确保原受托人按照信托文件的要求履行义务，保护信托财产的安全和利益。

受托人辞任对于信托关系的影响主要取决于委托人的应对措施和及时性。如果委托人能够积极处理辞任事宜，并妥善选任新受托人，那么信托关系将能够继续顺利运作。然而，如果委托人未能妥善处理受托人辞任的情况，那么可能会给信托财产带来风险和不确定性。

马律师专业提示

在设立信托时，委托人应该考虑到受托人可能辞任的情况，并制定应对策略。这包括选择可靠的受托人，明确信托文件中受托人辞任的程序和要求，以及与受托人达成一致的协议。当委托人已过世时，根据信托文件约定确认相关权利人，比如受益人、保护人等。

受托人的辞任并不会导致信托的终止，但委托人需要采取相应的措施来应对和处理。

受托人职责的终止

赵先生关注到受托人职责的终止，想了解在什么情况下受托人不再担任职责？

专业解析

受托人职责的终止，是指受托人不再担任信托的受托人角色，与信托的终止是不同的概念。信托终止会导致受托人职责的终止，但受托人职责的终止并不意味着信托的终止，信托是有可能继续存续的，只是变更了受托人。

受托人职责终止的原因多种多样，根据《信托法》的规定，以下情况之一发生时，受托人的职责会终止。

◉ 当受托人为个人时，受托人死亡或被宣告死亡

当受托人去世或被宣告死亡时，其生命的终止会必然导致其受托人职责的终止。

◉ 当受托人为个人时，受托人丧失民事行为能力或被限制民事行为能力

如果受托人被宣告为无民事行为能力人或者限制民事行为能力人，其失去了作为受托人的必要条件，其职责也会随之终止。

◉ 当受托人为机构时，受托人被撤销或破产宣告

如果受托人被依法撤销或被宣告破产，根据法律规定，受托人不再作为权利义务的主体存在，或者已经没有作为受托人的能力，因此其受托人职责终止。

◉ 当受托人为机构时，受托人解散或丧失法定资格

如果受托人依法解散或失去作为受托人的资格，无法继续履行受托人的职责，其受托人职责也会终止。

◉ 辞任或被解任

根据《信托法》的规定，在设立信托后经委托人和受益人同意，受托人可以辞任；委托人也有权根据信托文件规定的事由解除受托人职责，或者向人民法院申请解除受托人职责。受托人的辞任或被解任会导致其职责终止。

◉ 其他法律规定的情形

由于法律中可能无法列举所有导致受托人职责终止的情形，且随着信托的发展和实践的丰富，可能会出现一些新的情况，这些情况是法律灵活适用的体现。

当受托人职责终止时，应妥善保管信托财产，并办理相关的交接手续。根据《信托法》的规定，受托人职责终止时，其继承人、遗产管理人、监护人或清算人应当妥善保管信托财产，并协助新的受托人接管信托事务。这一规定的目的是保护信托财产，明确相关人员的责任，并确立更替受托人时的秩序。

在我国法律中，还针对受托人职责终止的两种特定情况进行了规定。

当受托人职责终止的情况属于上述后四种情形之一时，被终止职责的受托人有责任处理信托事务，并向新的受托人提交报告。根据《信托法》的规定，如果受托人职责终止的原因属于法律某些规定情形的，受托人应当提交一份处理信托事务的报告，并与新的受托人办理信托财产和事务的移交手续。委托人或受益人认可受托人所作的处理信托事务的报告后，原受托人可以解除与报告中所列事项相关的责任，但如果原受托人存在不正当行为，就不适用这一解除责任的规定。

当共同受托人中的一方职责终止时，其他受托人将继续管理和处分信托财产。这是因为共同受托人中一方的职责终止时，并不代表整体职责的终止；当然，被终止职责的受托人仍需承担其个别责任。

此外，在关于受托人义务的法律规定中，还有一项重要规定，即受托人以信托财产为限向受益人承担支付信托利益的义务。这一规定明确了受托人的义务，并涉及受益人的权利，但这些权利和义务都是以信托财产为基础确定的。

需要注意的是，受托人职责的终止并不会影响已经进行的信托行为和已经产生的法律后果，同时在职责终止后，需要根据委托人与受托人之间的信托合同规定进行职责交接。这意味着，即使受托人的职责终止，之前已经进行的信托行为仍然有效，并产生相应的法律后果。因此，在受托人职责终止后，新任受托人将接手管理信托事务，并履行受托人的职责。

马律师专业提示

受托人职责终止，是指受托人不再担任信托的受托人角色，可能发生在完成信托目的，受托人辞任或被解任，被人民法院解聘，死亡或丧失民事行为能力，受托人合并、分立、解散等情况下。受托人职责终止并不影响信托的终止，但会导致受托人权利和义务的终止。在受托人职责终止时，相关人员有责任妥善保管信托财产并协助新的受托人接管信托事务。根据《信托法》的规定，被终止职责的受托人需要处理信托事务并提交报告，同时需要注意共同受托人中的一方职责终止时的处理方式。受托人的职责终止不会影响已进行的信托行为和法律后果，而新任受托人将继续履行受托人的职责，并根据信托合同规定进行职责交接。

信托保护人的角色与重要性

赵先生对受托人可能做出不当行为损害受益人利益的问题仍然心存担忧。他听说了“信托保护人”这一概念，想要了解更多，想要知道到底什么是信托保护人。

专业解析

《信托法》在公益信托一章中提到了监察人，主要是为了监督公益信托的运行，保护受益人或其所代表的公共利益。在私益信托中并没有监察人的角色。为了更好地实现信托目的，保护受益人的合法权益，根据委托人意愿与授权，可以设置保护人。保护人在信托中并不是必需的角色，也不是一个普遍存在的角色。实务中，不同信托公司对该角色定位的称呼不同，有的称之为保护人，也有的称之为监察人，其实说的都是同一角色。

信托保护人在信托中扮演着监督和保护的角色。他们的主要职责是确保信托的管理和运作符合委托人的意愿，监督受托人，并保护受益人的权益。信托保护人是由委托人指定的，他们在信托中主要承担着以下职责和功能。

◉ 监督受托人

信托保护人可以监督受托人的行为和决策。具言之，保护人可以要求受托人提供报告和信息，并与其定期沟通，以确保信托财产得到适当的管理和保护。

◉ 授权和解除授权

信托保护人通常拥有一定的授权权利，具体根据委托人设置事项而定。一般包括投资决策、受益人的调整、收益分配调整、更换受托人等。保护人的权利范围通常在信托文件中明确规定。

◉ 维护委托人意愿

保护人的核心职责之一是确保信托财产按照委托人的意愿和信托文件的规定

进行管理和分配。他们会认真考虑委托人的意图和目标,并采取必要的措施来保护和实现委托人的意愿。

◉ 保护受益人权益

信托是为受益人而设立的,信托保护人也有责任保护受益人的权益。他们会确保受益人的权益得到适当的考虑和保护,并防止受托人滥用权利或不当干预受益人的权益。

需要注意的是,信托保护人的职责和权限范围可能因信托文件的规定而有所不同。赵先生作为委托人在设立信托时应认真考虑选择合适的保护人,并在信托文件中明确规定他们的权利和职责,以确保信托得到适当的监督和保护。

信托保护人的出现是为了强化信托的监管和保护机制,确保信托财产得到妥善管理,受益人的权益得到充分保障。委托人在选择信托保护人时建议注意以下几点。

◉ 信任和信誉

委托人应选择值得信任和具有良好信誉的人担任信托保护人。信托保护人需要以诚实、透明和专业的态度履行职责,以确保信托的顺利进行和受益人的利益得到保护。信托保护人可以是委托人的亲友,或者委托人信赖的专业机构。

◉ 专业知识和经验

信托保护人应具备一定相关的知识和经验,对信托有所了解。这样他们才能更好地理解信托文件的要求,并有效地监督受托人的行为。

◉ 独立性和中立性

信托保护人应独立于委托人和受托人。他们的职责是保护受益人的利益,而不受其他利益的影响。因此,他们应避免与受托人存在利益冲突,并能够客观公正地履行监督职责。

◉ 监督和沟通能力

信托保护人需要具备良好的监督和沟通能力。他们应能够定期与受托人进行沟通，了解信托运作的情况，并及时解决问题或纠纷。

◉ 保密和谨慎

信托保护人需要保证对信托相关信息的保密，并严格遵守法律和道德规范。他们应谨慎处理信托事务，确保受托人不滥用权利或违反信托文件的规定。

通过以上介绍，赵先生意识到信托保护人的重要性，他决定在他设立的家族信托中设置一个信托保护人角色。他想选择自己的外甥小郑作为保护人，因为小郑对自己家里情况较为了解，方便协调家庭关系；双方有长期的信任关系，且小郑年轻，方便在他过世后帮忙对信托进行监督。

马律师专业提示

信托保护人在信托中起着监督和保护的作用，通过选择合适的信托保护人并明确其权利和职责，委托人可以增强信托的监督和保护机制，保护信托财产的安全和受益人的权益。不过也需要注意，在设置保护人时，一般来说，当第一位保护人发生去世、丧失行为能力等特殊情况后，最多再设置一个顺位保护人，不宜设计太过复杂。而且对于保护人与受益人可能存在的冲突，建议提前约定好冲突规则、保护人重置安排等。

什么情况下可以考虑设置信托保护人

赵先生了解到信托保护人是一个有力的机制，他想知道，哪些情况更适合设置信托保护人？

专业解析

在设立信托时，委托人可能会考虑是否需要设立信托保护人。以下一些情况和因素，可能导致委托人决定设立信托保护人。

◉ 委托人对受托人的信任有限

委托人可能对受托人的管理能力或行为持怀疑态度，担心受托人可能滥用权利或违反信托文件的规定。为了确保受托人的行为得到监督和制约，委托人可以设立信托保护人来监督受托人的行为，保护受益人的权益。目前，我国家族信托主要是信托公司作为受托人的，而受托人的选择又是信托设立和运营的关键点，信托是以信任为基础的，但信任度可能会随着时间、情况而变，提前预防可以更全面保障信托委托人的权益。

◉ 需要增加信托的透明度和合规性

委托人希望信托财产的管理和运作能够更加透明和合规，确保受托人按照委托人的意愿和信托文件的规定进行操作。设立信托保护人可以提供一个独立的监督主体，审查受托人的行为并确保其符合法律和道德要求。总之，增加一个监督机制，可以让受托人在行为时更加谨慎。

◉ 防止利益冲突和滥用权利

有些信托涉及多个受益人或存在复杂的权益关系。委托人可能担心受托人在处理复杂利益关系时存在利益冲突或滥用权利的风险。设立信托保护人可以提供一个中立的决策机构，确保各方的利益得到公正处理。

◉ 预防和解决信托纠纷

信托涉及多个受益人和多方权益关系，可能会出现纠纷和争议。委托人可能设立信托保护人协调解决信托中的纠纷，即增加一个内部的纠纷解决机制或缓冲带，维护各方之间的和谐关系。

◉ 委托人意愿的实现

信托保护人的角色是确保信托的管理和运作符合委托人的意愿的。他们应该认真考虑委托人的意图和目标，并采取必要的措施来保护和实现委托人的意愿。信托保护人可以通过监督受托人的行为和决策，确保信托财产按照委托人的要求进行管理和分配，实现委托人的意愿。

马律师专业提示

设置信托保护人是为了进一步实现委托人的意愿、保护信托财产和维护受益人的利益。而且，有时在信托运行过程中，信托保护人也可以起到协助受托人的效果。需要注意的是，设立信托保护人并不是必需的，具体是否设立应根据委托人的需求和信托的具体情况来综合判断。

谁适合做信托保护人

赵先生考虑设置信托保护人,因此哪些人适合担任保护人是一个新问题。

专业解析

当委托人决定设立信托保护人时,选择合适的人选非常重要。信托保护人的角色是监督和保护信托的运行,体现委托人的意愿,以及维护受益人利益。以下是适合作为信托保护人的人选:

◉ 专业人士

委托人可以选择具备相关专业知识和经验的人士担任信托保护人。这包括律师、会计师、财务顾问等专业人士,他们对信托法律、税务和财务方面有深入的了解,能够提供专业的监督和指导。需要注意的是,有关专业人士应根据从业规范操作,必须以所从业机构作为信托保护人,具体以各行业规范要求为准。

◉ 家族亲友

委托人可以选择信任的家族亲戚、密友作为信托保护人。他们对家族的历史、价值观和家族成员的需求有更深入的了解,能够更好地代表家族利益,并确保信托财产得到妥善管理。

◉ 独立机构

委托人可以聘请独立的机构或公司作为信托保护人。这些机构通常是专门从事财富管理相关的实体,拥有丰富的经验和专业知识,能够履行监督和保护职责。

在选择信托保护人时,建议委托人考虑以下因素:

◉ 专业能力

信托保护人应具备相关的专业知识和经验，能够理解基本信托制度，知道自己需要做什么，并能够有效地管理和保护信托财产。他们最好具备财务、法律、投资等方面的专业背景，以便能够作出明智的决策和提供专业的意见。

◉ 诚信度和可信度

信托保护人应具备高度的诚信度和可信度，能够忠实地履行职责，并始终坚守职业操守。他们应以诚实、透明和可靠的方式管理信托财产，并将委托人和受益人的利益放在首位。

◉ 中立性和独立性

信托保护人应具备中立性和独立性，不受其他利益的影响，以客观、公正的态度行使职责。他们应能够监督受托人的行为，并确保信托的运作符合委托人的意愿和信托文件的规定。

◉ 家族利益

信托保护人应能够维护家族利益，了解家族的愿望、目标和价值观。他们应与家族成员建立良好的沟通和合作关系，以便更好地了解家族的需求和利益，并确保信托财产和受益人的利益与家族的长期利益相一致。

◉ 长期可靠性

选择信托保护人时，委托人应考虑其职业背景、年龄、声誉的稳定性等。信托保护人应该有良好的职业记录和专业声誉，能够长期履行信托保护人的职责，并在委托人无法行使职责或离世后继续履行职责。因此，选择信托保护人时要综合考虑其个人的可靠性和专业能力。

◉ 继任计划

在选择信托保护人时，委托人还应考虑制订继任计划。这意味着在设立信托时就应考虑可能的变更或替代信托保护人的情况，以确保信托的运作不会受到中断或延误。继任计划可以包括指定下一顺位保护人，以确保在需要时能够顺利地进行交接和过渡。

马律师专业提示

信托保护人的选择应考虑其专业能力、诚信度和对家族利益的了解等因素。无论是选择专业人士、家族亲友还是独立机构作为信托保护人,关键在于确保他们能够忠实地履行职责,并为委托人和受益人的利益提供最佳的保护。

什么是信托目的

在进行信托规划时，赵先生总被问到为什么设立信托，信托目的是什么。赵先生想知道，如何看待信托目的，信托目的很重要吗？

专业解析

信托目的在设立信托过程中起着重要作用。根据我国《信托法》的规定，设立信托必须具备合法的信托目的。信托目的是委托人设立信托所追求的目标，可以是为受益人的利益或者特定目的。

首先，信托目的的确定性是设立信托的基本要求之一。信托目的应该明确、具体，使受托人能够清晰地了解委托人的意图，并按照其指示管理、运用和处分信托财产。同时，对于与信托财产相关的利害关系人来说，信托目的的明确性也具有重要影响。假如赵先生设立了一项教育信托，旨在为小赵提供教育资金。信托文件中明确规定，信托财产的收益将用于支付小赵的学费、书本费和其他教育支出。这个明确的信托目的使受托人知道应该如何管理资金，以及资金将专门用于教育。

在信托活动中，委托人通常会在信托文件中明确规定具体、明确的信托目的，特别是在私益信托中。而在公益信托中，由于受到公益事业管理机构的监督管理，信托目的可能相对抽象和广泛，但仍需确保不违背委托人的意愿，不用于非公益目的。

其次，信托目的的自由性和多样性是信托活动的特点之一。在法律、行政法规的范围内，信托可以为委托人所希望达到的各种目的而设立。信托活动的多样性反映了信托目的的自由性和灵活性，使信托可以满足不同委托人的需求和意愿。

同时，信托目的也受到法律的限制。尽管信托是当事人之间的自主行为，但仍必须遵守法律、行政法规的强制性规定。《信托法》和其他相关法律对信托目的设定作出了一些禁止性规定，如违反法律、行政法规或损害社会公共利益的信托目的是不被允许的。此外，委托人以非法财产或不符合法律规定的财产设立信托，或者将信托设立用于诉讼或讨债目的等行为也是被法律禁止的。

对于信托目的的限制,旨在维护社会公共利益和保护利益相关方的权益。一方面,委托人在设立信托时,应遵守法律规定,确保信托目的合法、合规,以维护信托行为的合法性和可持续性。另一方面,信托目的的设定还应符合委托人的真实意愿和合理利益。委托人在设立信托时通常会考虑自己的财产规划、遗产传承、慈善事业等因素,以满足个人或家族的特定需求。因此,信托目的的设定应充分反映委托人的意愿,遵循其合理利益,以实现委托人的意愿和目标。

在制定信托目的时,委托人应该考虑以下几个方面,确保目标明确、详细具体、合法合规和具备灵活性。

◉ 目标明确

这包括明确信托所追求的利益是为受益人还是特定目的。委托人需要考虑自己的财富管理目标和家族需求,确定设立信托的具体目的。例如,赵先生设立信托主要是为了什么,是为了保全财产,实现财富传承,支持家族成员的教育和福利,还是支持慈善事业等。

◉ 详细具体

委托人应在信托文件中详细描述信托目的。明确的信托目的可以帮助受托人清晰理解委托人的意图,并在履行职责时作出适当的决策。委托人可以明确规定信托财产的使用范围、受益人的权益和福利,以及受托人的职责和权利等。有些信托会有委托人意愿书,用来阐述委托人设立信托时的意愿,以便指导后续信托存续期间的具体操作。

◉ 合法合规

委托人在设定信托目的时必须遵守法律和相关规定。信托目的不得违反法律、行政法规或损害社会公共利益。委托人、受托人应确保信托目的的合法性和合规性。例如,在设定慈善信托目的时,需要遵守慈善相关规定。

◉ 灵活性

委托人应考虑信托目的的灵活性。信托目的的设定应考虑到未来可能发生的变化和调整。委托人可以预留一定的灵活性,以便在必要时调整信托目的,以适应变化的需求和情况。例如,委托人可以设立弹性信托目的,允许在特定条件下修改受益人权益或调整信托财产的分配方式。

马律师专业提示

信托目的的设定是设立信托的重要一环。信托目的就像北极星，可以指引着前进的方向。委托人在制定信托目的时应明确、具体，符合法律规定，并考虑个人或家族的实际需求和合理利益。同时，信托目的的设定应合理、灵活，以适应未来可能发生的变化。委托人在制定信托目的时，可以寻求专业的服务。

如何理解信托财产

赵先生想知道什么是信托财产，如何理解信托财产，信托财产给到受托人后，他是否就没有掌控权了？

专业解析

信托财产是信托关系的核心和基础，具有独特的法律性质和特征。

信托设立后，委托人不再直接管理和运用这些财产，而是通过信托设立和受托人的承诺，将财产委托给受托人以实现特定的信托目的。例如，赵先生以 5000 万元设立信托，这 5000 万元就是信托设立的初始信托财产，而后受托人或者赵先生指定的有权投资决策主体对信托财产的管理、运用所产生的收入，同样也纳入信托财产的范畴。可见，信托财产是会动态变化的，随着投资运用，其财产形态、财产价值也会发生变化。

信托财产以受托人的名义管理和运用，但并不归属于受托人的个人财产。尽管信托财产由受托人管理，但这种特征使信托财产与受托人固有财产有所区别。假设赵先生委托信托公司设立信托，在对外投资时，是以信托公司（代信托项目）进行投资的，并不是以赵先生的名义进行的。

一旦形成信托财产，即与委托人未设立信托的其他财产有所区别。信托财产是以信托的方式交由受托人管理和运用的，具有特殊的法律地位和属性。这使信托财产在权利和义务方面与未设立信托的财产有所区别。

信托财产可以在形态上发生变化，但其性质和管理方式并不改变。信托财产可以在不同的形式之间转换，比如从房产转变为金钱，再从金钱转变为证券等。尽管形态发生变化，但这些财产仍然属于信托财产，由受托人负责管理和运用，受益人的权益也不会受到影响。

综上所述，信托财产具有以下几个法律特征，包括以信托目的为中心、由受托人管理和运用、不属于受托人个人财产、区别于未设立信托的财产以及形态上可变化而性质不变等。这些特征使信托财产在信托关系中发挥重要作用，为委托人和受益人提供合法的权利和保护。

对于委托人而言，信托的设立意味着他们要进行信托财产的交付，将财产委托给受托人进行管理，以实现特定的信托目的。对于受托人而言，信托财产的管理责任将根据委托人的要求和信托文件的规定确定，其应履行受托人的义务并确保财产的安全。受益人则享有信托财产所产生的利益和权益，可以根据信托文件规定的条件和方式获得收益或使用财产。

根据《信托法》的规定，信托财产受到法律保护，受托人有责任确保财产的安全，不得滥用或侵占信托财产。同时，受托人在管理和运用财产时必须遵守诚实、忠实和谨慎的原则，维护受益人的利益。

马律师专业提示

信托财产是信托关系的核心和基础，具有独特的法律性质和特征。它以受托人的名义进行管理和运用，不属于受托人固有财产，具有一定的稳定性。信托财产在信托关系中扮演着重要的角色，为委托人和受益人提供了法律保护和利益的实现的基础。对于信托财产的理解是信托制度的一个难点。很多客户并不接受完全丧失所有权，感觉没有掌控权。但信托制度的特殊之处就在于，通过特殊架构安排，可以实现意愿的延续，尤其是身后安排。换一个角度看，这并不是掌控权的丧失，而是一种管理方式的变化，借助一项制度本身的运行来实现“自动驾驶”。

信托财产的多样性

听了这么多关于信托的介绍,赵先生现在对信托已经有了一定认识,他想知道什么样的财产可以成为信托财产,装入信托中进行管理?

专业解析

信托作为一种灵活多样的财富管理工具,可以用于保护、增值和传承家庭财富。在设立信托时,信托财产的具体范围是至关重要的一步。下面将介绍一些常见的可以作为信托财产的类型,以便更好地了解信托的财产范围。

◉ 信托财产的要求

一般来说,信托财产需要满足以下几个要求:

- **信托财产必须是合法的,有处分权的财产**

不能是违法犯罪所得、借贷资金,或者没有财产处分权的。

- **财产是可转让、可流通的**

委托人将信托财产交付给受托人之后,要进行所有权的变更,所以财产应是可以转让、流通的。法律、行政法规禁止流通的财产,不得作为信托财产;法律、行政法规限制流通的财产,依法经有关主管部门批准后,可以作为信托财产。例如,全民所有的森林、水流、矿藏等自然资源,军用武器、弹药等禁止流通的财产不能作为信托财产。

- **财产应该是确定的**

无法确定财产,便不知道要将什么转入信托。信托是一项以财产为核心的制度,必须要有明确的信托财产。

◉ 常见信托财产类型

财产,是个广义的概念,不仅仅指有形的财产,也包括无形的财产,各种看不见实物的权利。

- **现金**

现金是较为常见的一种信托财产，委托人可以将自己的现金资产置入信托，受托人将根据信托文件的规定，对这些资金进行投资和管理，以实现资产增值和家庭财富的保值。例如，假设赵先生决定将 5000 万元现金置入信托，初始信托财产类型就是现金，当然这里的现金并不是说纸质现金，而是货币形态的财产。

- **保单**

某些保险产品也可以作为信托财产。例如，委托人可以将自己的寿险保单受益权作为财产设立或追加到信托，并将信托公司变更为保险受益人，当保险理赔金进入信托之后，信托再按信托文件的约定进行管理。在保险金信托章节中已进行了详细介绍，本处不再赘述。

- **企业股权**

通过设立股权类信托，委托人可以将企业股权转移到信托中，并委托受托人对公司股权进行集中管理。这样可以实现家族企业的持续经营和发展，同时保护企业股权不受家族成员之间的争议和个人利益冲突的影响。

- **不动产**

不动产包括房地产、商业地产等。通过将不动产置入信托，家族成员可以确保这些资产的有效管理和传承。信托可以确保不动产在家族中的合理使用、保护和发展，同时保护不动产不受家族成员之间的争议和个人利益冲突的影响，实现长期财富的稳定增长。

- **金融资产**

金融资产是常见的信托财产之一。它包括各种投资理财产品份额，常见的有信托计划产品份额、资管产品份额、银行理财份额、私募基金产品份额等。

- **知识产权**

知识产权是一种重要的资产形式，包括专利、商标、著作权等。委托人可以将自己的知识产权放入信托，由受托人负责管理、维护和运营。这有助于保护知识产权的价值，并确保其有效利用和传承。

- **珍贵物品**

珍贵物品如艺术品、古董、珠宝和收藏品也可以成为信托财产。将这些珍贵物品纳入信托，可以确保它们得到妥善保管、保护和传承。受托人可以负责管理这些物品的展示、保险、修复和出售，以最大限度地实现其价值。

- **其他财产**

除了上述列举的主要资产类型,还有一些其他资产也可以作为信托财产,包括债权、特许经营权等。在合法合规前提下,具体选择哪些资产作为信托财产将取决于委托人的需求和目标,以及受托人的能力和专业知识。

◉ 在选择信托财产时的考虑因素

在选择信托财产时,委托人可以考虑以下几个因素:

- **财产性质和规模**

根据家族的财务状况和资产规模,选择适合的信托财产类型。不同类型的财产有不同的管理和运作要求,委托人应根据自身情况进行评估和选择。

- **目标和需求**

委托人应明确自己的信托目标和需求。例如,如果赵先生希望为子孙后代提供经济保障,那么选择稳定收益、有现金流的财产类型可能更适合。

- **家族传承计划**

考虑家族的长远发展和传承计划,选择符合家族愿景和价值观的财产类型。例如,如果家族有长期发展的企业,可以将企业股权置入信托,以实现家族企业的持续经营和发展。

- **税务考虑**

委托人可以咨询专业税务顾问,了解不同类型财产的税务影响和优惠政策。选择适当的信托财产类型可以在税务规划方面带来一定的优势。

- **流动性需求**

委托人需要评估流动性需求,即是否需要随时能够取出或转换为现金。因此,在选择信托财产时需综合考虑资金的灵活运用和管理。

- **资产评估和保管**

不同财产类型的评估方法和保管要求不同,涉及的管理成本也不同。例如,对于不动产和珍贵物品,需要适当的评估、保管、保险等,涉及的运营管理事项相对复杂。

马律师专业提示

信托财产类型原则上较为丰富，信托财产并不仅仅指实物财产，也包括财产权利。只要是合法可流通的财产，原则上都可以作为信托财产，不过不同信托财产的管理成本和费用是不同的。对于委托人来说，应根据自身情况和需求，选择适合的信托财产类型，实现财富保护、增值和传承的目标。另外，在正式决定设立信托后，有不少人会选择先设立一定少量资金或财产，在熟悉信托运作后，再逐步追加信托财产，不断迭代，这也是一个很好的方法。

信托财产的限制和禁止

赵先生已经知道了哪些财产可以装入信托,他还想知道哪些财产不能装入信托,以及有哪些限制或禁止事项?

专业解析

根据我国《信托法》的规定,有些财产是不能作为信托财产的,有些财产是受限制的,要经过有关主管部门的批准后才能作为信托财产。

◉ 法律和行政法规禁止流通的财产不能作为信托财产

这些禁止流通的财产主要包括以下内容。

• 专属国家所有的财产

如矿藏、水流、森林、山岭等自然资源,以及全民所有的博物馆和其他单位的文物藏品等。这些财产被认为是国家的重要资源,不允许私人所有和转让。

• 军用武器和弹药

军事设备和武器是国家军队和安全领域的重要财产,一般情况下不允许私人拥有和转让。

• 淫秽的书刊、影片、录像带、录音带、图片等

这些内容涉及违法和淫秽行为,不符合社会公共利益和道德标准,因此不能作为信托财产。

如果将禁止流通的财产设立信托,那么这样的信托将是无效的,因为该信托财产不符合法律的要求。

◉ 法律和行政法规对一些财产的流通进行了限制

这些财产只有经过有关主管部门的批准,才能作为信托财产。限制流通的财产主要包括以下内容。

- **城乡土地使用权**

土地属于国家所有，个人或单位只能取得土地使用权而不是所有权。转让土地使用权需要经过自然资源主管部门的批准和许可。

- **全民所有的水域、滩涂的使用权**

水域和滩涂属于国家所有，个人或单位只能取得使用权。转让水域和滩涂的使用权也需要经过相关主管部门的批准。

- **烟草专卖品**

烟草专卖品的生产和销售受到特殊监管，转让烟草专卖品的权益需要符合相关法律和监管要求。

- **麻醉品**

麻醉品属于受控药物，其流通受到严格的法律和监管限制。任何与麻醉品相关的转让必须符合相关法律和规定，并经过有关主管部门的批准和许可。

- **探矿权、采矿权**

探矿权和采矿权属于国家资源管理部门的管辖范围，转让这些权益需要获得资源管理部门的批准和许可。

- **用材林、经济林、薪炭林及其林地、采伐迹地、火烧迹地的林地使用权**

林地属于国家所有，个人或单位只能取得使用权。转让林地使用权需要经过林业草原主管部门的批准和许可。

- **国家重点保护野生动物及其制品**

国家对一些野生动物进行了特殊保护，禁止非法猎捕、贸易和拥有野生动物及其制品。因此，相关的野生动物及其制品不能作为信托财产。

对于限制流通的财产，如果委托人希望将其作为信托财产，则需要事先获得相关主管部门的批准和许可。具体的批准程序和要求依法依规执行，例如转让土地使用权需要经过自然资源主管部门的批准。

马律师专业提示

根据法律和行政法规的规定，禁止流通的财产和限制流通的财产不能作为信托财产，除非经过相关主管部门的批准和许可。委托人在选择信托财产时应注意遵守相关法律，确保所选财产的合法性和合规性。通常来说，社会公众很少能接触到以上禁止流通或限制流通财产，不过在一些珍贵物品产品中，需要注意是否违法，是否涉及文物保护等禁止性或限制性规定。

信托财产的评估

赵先生已经知道了哪些财产可以装入信托，他还想知道信托财产的价值是如何评估的。

专业解析

信托财产的价值评估是设立和管理信托时至关重要的一部分，与信托财产规模、信托财产净值均有关系，也影响着信托利益分配方案的设置，不同资产管理方式、运营方式、流动性、保管等可能存在差异。不同类型的信托财产可能涉及不同的资产类别和评估方法。

信托财产，是指由委托人委托给受托人管理的资产。这些资产可以是现金、房地产、股票、债券、企业股权、艺术品、珠宝或任何其他有价值的资产。以下是评估和确定信托财产的一般步骤。

◉ 识别和梳理资产

受托人需要与委托人合作，识别和梳理信托财产的所有资产。这可能包括查看财产文件、银行账户、权证资料等。受托人还需要考虑这些财产上有无任何负债或债务或权利负担等，因为它们可能会影响信托财产的价值，而受托人希望信托财产是“干净”装入信托的。

◉ 估值

不同类型的资产可能需要不同的估值方法。

- **现金**

现金的估值是直接的，通常是其面值。

- **不动产**

通常包括住宅、商业地产或土地，不动产的估值通常需要聘请专业的第三方评估公司进行评估。

- **股票和债券**

公开交易的股票和债券的市场价值可以从交易所获取。同一资产同时在两个或两个以上市场交易的，可以按所处的市场分别估值。

- **债权融资性质的信托产品或固定收益类的资管产品**

一般采用摊余成本法估值。

- **权益类资管产品**

一般按管理人披露的净值进行计算估值。

- **企业股权**

企业股权的估值需要核实企业的审计报告，可以以净资产进行评估。

- **艺术品和珠宝**

艺术品和珠宝的估值可能需要鉴定专家的帮助，以确定其真实价值。

- **保单**

对于保单对应的信托规模，不同信托公司计算标准可能不同，有些按保费，有些按保额，或按现金价值。

马律师专业提示

信托财产的评估和确定是一个复杂的过程，需要考虑到不同类型资产的特点和市场条件。受托人需要与委托人合作，确定信托财产的价值，并制定适当的资产分配策略。对于非标资产，没有公开上市交易的资料，一般需要专业的评估机构的参与，以确保评估的准确性。

信托财产交付：确保财产权益合法转移

赵先生想了解在设立信托时，信托财产如何交付给受托人，怎么算完成了财产交付动作？

专业解析

信托财产交付，是指委托人将其财产转移至信托的过程和行为。在设立信托时，委托人将自己的财产转移给受托人，作为信托财产进行管理和保护，以实现特定的信托目的。只有信托财产交付到信托中，信托才会真正有“可管”的财产。

◉ 信托财产交付步骤

- **确认信托财产范围**

委托人需要将其财产进行划分和标识，明确哪些财产属于信托财产，即将其纳入信托计划的范围内。这可以通过书面文件、财产转移协议或其他合法形式进行。

- **转移所有权**

委托人必须将财产的所有权从自己名下转移给信托，即受托人。这需要遵守相关法律和法规的规定，并按照信托文件的要求进行操作。通常，委托人会签署信托文件、转让文件等，以正式将财产的所有权转移给信托。

- **资产过户或登记**

对于某些财产，如不动产或有价证券，可能需要进行资产过户或登记手续。这涉及向相关机构或部门提交必要的文件和申请，以将财产的所有权人更改为信托。

- **资产交接和记录**

一旦信托财产转移完成，委托人和受托人应进行资产交接，并建立详细的记录。

信托财产交付的目的是确保财产的法律所有权和实际控制权转移到受托人手中，使其能够按照信托文件的规定管理和保护财产。信托财产交付的过程应遵循法律程序和合规要求，并确保明确的财产权益转移，以保证信托的有效性和合法性。

◉ 常见财产交付方式

不同类型的信托财产在交付过程中可能存在一些差异，具体的交付方式和标准会根据不同的财产类型、法律规定和信托文件的约定而有所不同。以下是一些常见的信托财产类型及其交付方式的示例：

- **资金**

对资金来说，占有即所有，通过银行划转等方式，委托人可以将资金交付给受托人。需要注意的是，信托公司是不收取现金的，需要通过银行转账等方式来完成货币形态财产交付。

- **金融资产（如信托计划受益权份额、理财产品份额、金融产品份额等）**

金融资产的交付通常涉及将这些资产的所有权转移到信托账户或受托人名下。这可能需要通过签署转移文件、向产品管理人提供产品份额转让申请等完成，从而变更金融资产份额持有人。需要注意的是，实务中是否能将金融资产作为信托财产交付给信托公司，与信托公司和拟交付金融资产产品管理人的关系，即是否建立合作联系相关，因为有些产品管理人未必会配合办理产品份额的非交易过户登记手续。

- **不动产（如住宅、商业地产等）**

不动产的交付通常涉及产权过户手续。委托人需要将不动产的所有权转移给受托人，并确保相关文件和手续合法有效。需要注意的是，不动产信托相对复杂，涉及法律、税务等多方面事项。

- **企业股权**

如果信托涉及企业股权的交付，委托人需要将股权变更至信托名下。这可能涉及公司章程修改或其他相关法律手续、工商登记变更等。

- **知识产权（如专利、商标、著作权等）**

知识产权的交付可能需要进行相应的登记、签订转让合同或办理授权手续。委托人需要确保知识产权的所有权转移给受托人，并满足相关法律要求。

交付信托财产的标准：

◉ 合法性

交付过程必须符合相关法律和法规的规定，包括财产转移的法定程序和手续要求。委托人和受托人应确保交付的合法性,遵守适用的法律规定。

◉ 确权明晰

交付过程应确保财产权益的转移和确权的清晰。委托人需要提供充分的证据和文件,以证明财产的所有权和交付意愿。

◉ 无欺诈行为

交付过程应避免欺诈行为和误导行为。委托人和受托人应诚实和真实地履行交付义务,确保交付过程的真实。

◉ 完整性和准确性

交付过程应确保财产的完整性和准确性。委托人和受托人应记录和确认交付的财产的详细信息,包括描述、数量、价值等,以便将来进行管理和追踪。

马律师专业提示

对于信托财产交付来说,实务中存在很多登记机关不认为信托财产交付属于非交易过户的情况,导致涉及一些税费成本。在具体项目交易结构设计时,对于非资金类财产,比如以股权、不动产等设立信托的尤为明显。

公司股权能做家族信托吗

赵先生正在考虑如何有效地管理和传承自己的企业股权。他了解到信托可以为他的企业股权提供一个管理和传承的解决方案，因此他想知道是否可以将自己名下的公司股权设立信托。

专业解析

股权家族信托，是指将公司股权直接或间接转入信托中，利用信托架构管理和传承家族企业或财富中的股权。它旨在提供一种有效的方式来管理和保护家族企业的股权，并在家族成员之间实现财富传承和继承计划。

设立股权家族信托可以解决一系列问题和挑战，主要包括以下几方面：

◉ 家族企业延续性

股权家族信托可确保家族企业的持续运营和管理。通过将家族企业的股权置入信托中，委托人（通常是企业创始人或家族成员）可以确保股权在信托架构中，避免因家族成员离世或其他原因导致股权分割或争议，从而保障企业的稳定性和延续性。

◉ 控制权和管理问题

家族企业通常涉及多个家族成员的参与和决策，控制权的分配和管理可能成为一个复杂的问题。股权家族信托通过设立信托结构，明确了股权的归属和管理方式，确保家族企业的控制权在家族内部得到合理分配和有效管理，避免因家族成员之间的争议和冲突而影响企业的决策和发展。

◉ 财富保护和管理

股权家族信托提供了一种机制来保护和管理财富。通过设立信托，委托人可以确保财富在信托结构下进行有效管理，受到信托条款和受托人责任的约束。这有助于保护财富免受家庭成员的个人财务风险、离婚或债务问题的影响。

◉ 继承计划和财富分配

股权家族信托为家族成员的财富传承和分配提供了灵活性和规划方案。信托条款可以明确规定财富的分配方式，将家族成员设置为信托受益人，在信托利益分配层面进行安排，避免家庭成员之间的纠纷和冲突。

◉ 隐私保护问题

家族企业的成功往往伴随着家族的声誉和隐私的保护需求。股权家族信托可以作为一种隐私保护的工具，通过将家族企业的股权转入信托，减少了公众对家族财务状况的了解，从而提供了一定的隐私保护。

在设立股权家族信托时，需要明确信托的目的、受益人和受托人的角色和责任，制定合理的信托条款和管理规定，并确保信托计划符合相关法律法规的要求。此外，定期进行信托计划的评估和调整也是必要的，以适应家族企业发展和家庭变化的需要。

马律师专业提示

股权家族信托是将公司股权纳入信托中进行管理，实现公司所有权、控制权、收益权的有效分离与管理，可以解决家族企业在所有权管理、继承规划、财富传承和长期经营等方面的问题。通过设立股权家族信托，家族成员可以在法律框架内制定个性化的规则和安排，确保家族企业的持续发展和财富的长期传承。设立和管理股权家族信托需要谨慎和专业的处理，不仅涉及信托方面，更与家族治理、企业治理、税务、成本、运营维护等密切相关。

设立信托，一般都要约定哪些内容

赵先生感觉信托文件非常重要,信托运行规则、各方权利义务等都要约定在信托文件中。他想知道,信托文件一般都约定哪些事项?

专业解析

设立信托是一项重要的行为,为了确保信托的合法性和明确各方权益,需要在信托文件中约定一系列内容。以下是在设立信托时通常需要约定的主要内容:

◉ 信托目的

信托目的是设立信托的根本目标和意义。委托人应明确表述信托的目的,可以是为了保护财产、实现财产增值,或者是为了满足受益人的特定需求。明确的信托目的有助于指导受托人的管理行为,保障受益人的权益。

◉ 委托人和受托人信息

信托文件应包含委托人和受托人的姓名、地址和联系方式等基本信息。这些信息有助于确定信托当事人的身份,并确立双方的权利和义务。

◉ 受益人或受益人范围

信托文件需明确受益人或受益人范围。受益人可以是委托人本人,也可以是委托人指定的第三方。在设立信托时,应具体指明受益人的身份,或者规定受益人的范围,以确定享有受益权的对象。

◉ 信托财产的范围、种类和状况

信托文件应明确规定信托财产的范围、种类和状况。信托财产可以是资金、股权、保单权益、不动产、动产、金融资产等。委托人需要准确描述信托财产的性质和数量,确保信托财产的合法性和清晰性。

◉ 信托期限

信托文件可以约定信托的期限,即信托的有效时间。信托期限可以是固定的,也可以是根据特定条件触发的。信托期限的约定有助于受托人进行合理的财产管理和运作,并帮助委托人和受益人作出相应的规划。

◉ 受托人报酬

信托文件可以约定受托人的报酬。受托人作为信托的管理者,承担管理和运作信托财产的责任,因此可以协商确定其报酬的金额和支付方式。合理的报酬安排有助于激励受托人履行职责,保证信托的顺利进行。

◉ 信托财产的管理方法

信托文件应明确规定信托财产的管理方法。这包括信托财产的投资方向、投资范围、投资风险和收益等方面的规定。委托人可以就信托财产的管理方式提出指示,或者要求受托人按照一定的原则和标准进行管理。明确的管理方法有助于保护信托财产的安全和增值,同时确保受益人的利益。

◉ 受益人的权益保障和监督机制

信托文件应当规定受益人的权益保障和监督机制,以确保受益人能够合法享受信托利益,并有途径监督受托人的行为。这可以包括受益人权益的顺位安排、争议解决机制、信托保护人的设立等。这些措施有助于确保受益人的权益得到有效保护。

◉ 信托终止事由

信托文件应明确规定信托终止的条件和事由。信托终止可以是在达到信托目的之后,或者在特定条件发生时。明确的终止事由有助于信托的有序终止,保护各方的权益。

除了上述必要的约定内容外,信托文件还可以根据具体情况自主决定是否记载其他事项。这些任意记载事项根据委托人的需求和意愿约定,可以包括受益人放弃受益权的归属问题、受托人的解任条件、信托财产归属顺序等。这些事项的明确约定有助于应对特定情况下的变动和需求。

马律师专业提示

设立信托时,信托文件的约定内容应当包括信托目的,委托人和受托人信息,受益人或受益人范围,信托财产的范围、种类和状况,信托期限,受托人报酬,信托财产的管理方法,受益人权益的保障和监督机制,信托终止事由等。这些约定内容有助于确立信托关系的法律效力和明确各方的权利义务,从而保障信托的顺利进行和各方的利益实现。

信托文件中有哪些内容需要重点关注

赵先生表示，信托文件篇幅特别长，一般都有100多页，且专业术语太多，完全看不懂。他想知道，哪些内容是需要重点关注的。

专业解析

作为信托的委托人，在审阅信托文件时，有几个重点条款需要特别关注，以确保其权益和意图得到充分保护。

◉ 关注信托的目的和受益人权益

信托文件应明确规定信托的目的和受益人的权益，确保与受托人的意图相一致。这包括明确指定受益人以及受益人权益的范围和条件。

◉ 审查有关受托人的职责和权利的条款

信托文件应清楚规定受托人的职责和义务，尤其是信托财产的管理和投资决策。同时，委托人需要确保受托人具备足够的专业能力和责任感，能够有效地管理信托财产。

◉ 关注受托人的报告和监督机制

信托文件应规定受托人向委托人提供关于信托财产管理和运作情况的定期报告，并确立适当的监督机制，以确保委托人能够及时了解信托的状况。

◉ 审查变更和解聘受托人的条款

信托文件应明确规定变更或解聘受托人的程序和要求，以便在必要时进行更换或解除受托人。

◉ 信托的期限和终止条件

仔细审查信托文件中关于信托期限和终止条件的规定，确保符合委托人的意图和需求。

◉ 关注信托文件中的争议解决机制

确保协议中明确规定了解决争议的机制，以避免潜在的争议或纠纷。

◉ 保密安排

确保信托文件中包含保密条款，以保护信托相关信息的保密性和隐私性。

◉ 审查与法律适用和管辖相关的条款

确保信托文件明确规定了适用的法律和管辖法院，以确保信托文件受到适用法律的保护，并在需要时解决纠纷。

马律师专业提示

信托文件虽然可能庞大，但在审阅时可以聚焦于关键内容，抓大放小。以上是委托人审阅信托文件时需要重点关注的一些条款或问题。然而，具体的关注点可能会因个人需求和信托的性质而有所不同。如果委托人很关注信托财产的追加，那么对于不同类型信托财产是设立多个信托，还是可以通过签署相关补充协议形式，都是需要结合委托人自身需求进行安排的。又如，委托人对信托费用很敏感，就可以重点关注费用设置是否合理、费率标准、是一次还是分笔付费、计费基数是否合理等事项。而且对于受托人来说，不同信托规模的客户服务标准可能是不同的，有些客户的个性化需求未必可以实现，或者有一定门槛。

签署了信托文件，是否就代表信托成立了

赵先生想知道，签署了信托文件，是否就代表信托已经成立了？

专业解析

虽然信托文件的签署是信托设立过程中的重要步骤之一，但这并不意味着信托产品就立即成立。信托的成立需要满足一系列条件，并遵循特定的法律规定和程序。

◉ 信托的成立需要明确的信托目的和委托人的意图

委托人必须明确表示将一定的财产或财产权委托给受托人，以供受益人受益。这意味着在签署信托文件之前，委托人必须确立设立信托的目的，并表达出明确的意愿。

◉ 信托的成立需要有一定的财产或财产权作为信托财产

委托人将财产置于信托中，并将其所有权转移给受托人，应办理信托登记的，须办理信托登记。应当注意，信托财产的转移是信托成立的重要前提之一。信托是一项以财产为核心的制度，如果没有信托财产，那么信托就是无源之水。

当然，信托文件的签署也是信托成立的关键步骤之一。信托文件是明确信托安排的重要文件，其中包含了信托的细节和条件，规定了委托人、受托人和受益人的权利和义务，以及信托的运作和管理方式。委托人、受托人必须在信托文件上签字，并按照约定执行。

◉ 信托的成立还需要受托人接受信托的职责和义务，并同意履行在信托文件中规定的职责

受托人的职责通常包括管理信托财产、按照信托文件的要求行事，以及保护受益人的权益等。

需要注意的是，信托文件的签署并不是信托成立的唯一决定性因素。其他的法律和程序要求也必须得到满足，包括设立信托目的的确定、信托财产的转移、遵守适用法律的规定等。只有当所有的条件都满足时，信托才能正式成立。

马律师专业提示

信托文件的签署是设立信托的重要步骤之一，但并不意味着信托立即成立。信托的成立需要满足多个条件，并遵循法律规定和程序。本章节主要是对生前信托设立的介绍，如果是以遗嘱方式设立信托，那么与以信托合同形式设立的生前信托在成立、生效方面有一定差异，这部分内容相对专业且复杂，在此不再具体展开。目前总体来说，生前信托已相对成熟。

什么是信托登记

在信托保密性章节中，曾提到信托登记公司的信托登记。赵先生想知道，这与信托客户经理毛经理说的“信托登记”是一回事吗，是否会影响信托保密性？

专业解析

信托登记是设立信托的重要程序。根据相关法律和行政法规的规定，对于涉及特定财产的设立、变更、转让等行为，需要进行相应的登记手续。信托当事人在设立信托时，如果涉及需要登记的信托财产，必须依法办理信托登记手续。

信托登记具有两方面的法律意义。首先，它是确立合法权利的要件之一。在信托中，信托财产的确权和变动必须通过登记手续进行确认。类似于航空器所有权登记、土地权属登记、房地产登记等领域的规定，信托登记能够确保信托财产的法律地位得到确认和保护。其次，信托登记是信托关系成立的法定公示方式。通过登记，信托关系得以公示，以确保信托当事人的权利和义务关系以及信托财产的变动对相关利益方具有明确的法律效力。

信托登记的目的是确保信托财产的法律地位的确定和透明化。设立信托时，委托人将信托财产交给受托人进行管理、运用或处分，这涉及信托财产的所有权变动。为了明确信托财产的权益归属和保障信托关系的顺利进行，信托当事人应根据法律规定，在设立信托过程中办理相应的登记手续。这样，信托财产的权利变动就能得到合法的确认，相关利害关系人也能够清楚地了解信托的情况。

信托登记的法律后果主要体现在两个方面。首先，信托的设立行为具有法律效力，信托财产的权利依法由委托人转交给受托人管理。这意味着委托人与受托人之间的信托关系成立，并产生了相关的法律效果。其次，依法设立的信托具有对抗第三人的力量。信托登记是信托公示的方式，除非信托法另有规定，其他人不能主张对信托财产的权益。这为信托财产的权益确定提供了法律保护。

然而，如果信托当事人未按规定办理信托登记手续，即未对应当登记的信托财产进行信托登记的手续，那么将产生以下法律后果。首先，设立信托的行为将失去法律效力，即该信托不被法律认可和保护。其次，未办理登记手续的信托对第三人不具备对抗力，其他人可以主张对信托财产的权益。这意味着信托当事人无法依靠信托关系来保护和管理信托财产，可能导致信托财产权益的不确定性和纠纷的产生。

为了确保信托的合法性和权益的保护，信托当事人应遵守信托登记的法定要求。如果在设立信托过程中涉及需要登记的财产，那么信托当事人必须按照规定的期限办理登记手续。如果未及时办理登记，那么应当在规定的期限内补办登记手续，以确保信托关系的有效性和保护信托财产的合法权益。如果逾期未补办登记手续，那么该信托将失去法律效力，信托当事人无法依靠该信托来行使权益和保护财产。

信托登记的目的是保护信托财产权益的合法性和清晰性，促进信托关系的透明和稳定发展。通过登记，信托财产的权益归属得到确认，信托关系的成立和变动得到公示，相关利害关系人能够清楚了解信托的情况，避免纠纷和不确定性。

关于信托公司向信托登记公司报送信息，此处的信托登记，是指信托登记公司对信托公司的信托产品及其受益权信息、国务院银行业监督管理机构规定的其他信息及其变动情况予以记录的行为。需要注意的是，信托登记不等于信托财产信息公开。具言之，信托登记公司的信托登记是针对受托人为信托公司，对信托产品、信托受益权信息进行的登记，与信托财产登记并不完全等同。

马律师专业提示

信托登记是设立信托的重要程序，对信托财产的权益确认和保护具有重要意义。信托当事人应依法办理信托登记手续，确保信托的合法性和权益的清晰性。只有遵守信托登记要求，信托关系才能有效成立，并为信托当事人提供法律保护和信托财产的安全管理。

信托的设立流程

赵先生感觉信托的设立并非简单的过程,不是仅签约打款就可以的,还需要经过一系列复杂的流程和程序,他想知道信托的设立流程一般都有哪些?

专业解析

财富管理信托,或者说家族信托并不是一个标准化的金融理财产品,设立过程相对复杂,涉及多个环节和专业领域的参与。以下是信托公司作为受托人管理的家族信托设立的主要流程,不同信托公司,以及具体个案会结合情况有所不同。

◉ 需求分析与尽职调查

在设立信托之前,信托公司需要与委托人详细讨论需求和设想,了解委托人的主要目的。这包括委托人的财富隔离保护需求、财产传承计划以及其他特定目的。信托公司还会进行尽职调查,了解委托人的背景、家族情况、婚姻情况、财务状况等信息。例如,赵先生希望通过信托来实现家庭财富的长期传承和隔离,信托公司会根据他的需求制订相应的方案。

◉ 资产梳理

在设立信托时,对于拟装入信托的财产,委托人需要提供详细的资产信息,包括现金、保险、房地产、股权等。对于这些财产,委托人需要提供合法取得的相关证明资料,如收入所得、投资所得、交易所得等,以证明委托人是财产所有权人,有权处分财产。

◉ 设计信托方案

信托方案的设计是家族信托设立的核心部分。信托公司与法律、税务、家族事务等专业领域的专家共同参与,制订个性化的信托方案。在设计信托方案时,需要确定基本要素,如委托人、受益人、信托期限、信托目的等,还需要确定投资策略、选择投资标的、制定信托利益分配方案等。视信托财产和服务事项等复杂程度,目前来说资金类和保险金信托相对成熟,信托方案设计环节会相对简单些,而股权、不动产等非资金类信托财产管理方案相对复杂。就赵先生来说,方案可能会包括将家族企业的股权置入信托,以确保长远的管理和传承计划。

◉ 签订信托文件

信托方案确定后,律师或信托公司人员会起草信托合同和其他相关文本,形成信托文件。信托文件需要经过信托公司的合规性内审,并由信托公司业务人员和委托人确认。若委托人已婚,根据信托财产来源,可能需要夫妻双方同时在场签署信托文件或配偶签署同意函。

◉ 信托登记

信托公司按规定向中国信托登记公司报送信托产品登记情况。关于信托登记,前面章节有详细介绍,不再赘述。

◉ 信托财产交付

在信托文件签署后,信托公司会开设信托账户,并根据委托人的要求,将信托财产转入信托账户。如果信托财产是保单,那么委托人需要将受益人变更为信托公司。如果信托财产是公司股权、上市公司股票、房产等,那么信托财产的交付过程会相对复杂些。

◉ 相关费用

设立家族信托涉及一定的费用,包括信托设立费、管理费、保管费等。委托人需要与信托公司协商并确定相关费用。

如果需要对信托方案进行变更,那么委托人可以与信托公司协商并经过双方同意后进行调整。变更可能涉及信托受益分配方案、投资策略等内容。

马律师专业提示

家族信托的设立是一个复杂且需要多方参与的过程。在委托人与信托公司合作设立家族信托时,需要进行需求分析与尽职调查、资产梳理、设计信托方案、签订信托文件、信托登记、信托财产交付等环节。委托人可以将每个步骤视为一个保障,确保他的财富能够在合法、安全的框架下得到有效管理和传承。实务中各家机构的尽调标准、尺度不尽相同,从长期考虑,相对全面、严格的尽调,更有利于信托架构的稳定。

设立信托的费用

赵先生认为设立信托涉及的费用非常重要,因为这将直接影响他对信托的经济投入。他想知道,设立家族信托,一般都需要支付哪些费用?

专业解析

设立信托涉及的费用成本是信托设立和管理中一个重要的考虑因素。以我国信托公司作为家族信托受托人为例,在设立、运作和终止过程中,信托公司可能会收取多种费用。具体每个项目会结合服务内容、事务复杂程度等具体定价。常见费用包括以下几种。

◉ 信托设立费

信托设立费是委托人在设立信托时需要一次性支付给信托公司的费用。信托设立费的具体金额取决于家族信托的复杂程度,与信托财产的多少通常关系不大。在一般情况下,信托公司会根据已有的信托文件模板来满足委托人的常见需求,除非委托人有特殊个性化的需求,否则信托公司通常不再收取额外信托设立费。在保险金信托中,以保单受益权设立信托,因为在保单理赔前,信托基本上处于"休眠"状态,所以一般信托公司也会收取一笔信托设立费。需要注意的是,当信托公司变更为保险受益人时就已经完成了信托财产的交付,信托已经成立并生效了,并不是在被保险人过世,保险理赔金进入信托账户后,信托才生效。

◉ 信托管理费

在家族信托的运作期间,委托人需要支付信托管理费给信托公司,以覆盖其对信托财产的管理。信托管理费的金额通常与信托财产的规模相关,并且由信托财产承担。一些信托公司还会将信托管理费分为固定报酬和浮动报酬两部分。浮动报酬,是指当信托财产的年化收益率超过约定的基准时,信托公司会收取额外的报酬。信托管理费的计算方法类似于公募基金管理费,根据每日信托财产净值进行计算。除了基础信托报酬,针对客户需求,有些信托公司还设置了增值信托报酬,以满足客户多样、个性化服务。

◉ 第三方顾问费

委托人如果聘请第三方机构作为财务顾问、咨询顾问或投资顾问等,需要第三方提供专业咨询建议、投资建议等服务的,需要支付相关费用。具体的费率或金额可以由各方协商确定。

◉ 托管费

如果信托财产需要由银行提供托管服务,那么还会涉及托管费用。

◉ 其他第三方服务费用

项目方案复杂的,会聘请律师事务所、税务师事务所、会计师事务所等专业服务提供服务,相关费用可以由信托财产承担,或者委托人单独另行支付。如果在信托财产管理过程中与第三方发生诉讼,那么还可能需要支付律师费、诉讼费等其他费用。

在信托的运作过程中,还可能产生其他相关费用,这些费用通常由信托财产承担。在信托终止后,可能还会涉及一些费用,主要是与信托清算和结算相关的费用。信托公司需要进行财产清算、债务结算和相关手续办理,可能需要支付审计费、清算费等费用。这些费用的支付原则通常需要在信托文件中明确约定。

对于信托公司收取费用的方式,一般来说,费用从信托财产中扣除。信托公司根据信托文件的约定和相关协议,从信托财产中划拨相应金额用于支付费用。这样的做法可以确保信托财产的正常运作,并保证信托公司能够履行其职责和义务。

需要注意的是,不同的信托公司可能在费用的种类和收取方式上存在差异。因此,在选择信托公司时,赵先生作为委托人应该详细了解其收费标准、费用结构和支付方式,并与信托公司进行充分沟通和协商。赵先生还可以通过与多家信托公司进行比较,选择最合适的方案。

马律师专业提示

设立信托和信托运作过程中会涉及一定的费用成本。信托设立费、信托管理费、第三方顾问费、托管费和其他相关费用都可能存在。委托人应该在设立信托时充分了解和考虑这些费用,并与信托公司进行充分沟通和协商。选择信托公司时,不仅需要关注费用水平,还要重视费用的透明度和合理性。通过合理的费用结构和支付方式,确保信托的正常运作,并保护委托人的利益。

信托利益分配的巧妙设计

赵先生有一个大家庭，父母老赵先生、老孙女士，有兄大赵先生、姐赵女士，女儿小赵、女朋友王女士，还有未来的孩子小小赵，如果他要设立信托，对于信托利益分配来说，具体应该如何设计？

专业解析

信托利益分配，是指信托财产所产生的收益如何分配给受益人。在家族信托中，信托利益分配方案可以更加灵活，以满足家族的特殊需求和信托目的。

家族信托的设立通常由委托人确定信托目的，然后由受托人根据信托目的制定相应的利益分配方案。为了满足不同的需求，信托公司设计的利益分配方案也越来越灵活多样化。

在家族信托中，常见的分配方式包括按比例分配、平均分配、固定分配、临时分配等。这些方案可以根据家族的具体情况和需求进行选择和调整。

在利益分配方案的设计中，可以考虑以下几个因素：

◉ 受益人的需求和目标

利益分配方案应考虑到受益人的实际需求和目标。有些受益人可能需要更多的收益来满足特定的需求，如教育费用或医疗费用。因此，在设计分配方案时，可以根据受益人的具体情况进行差异化安排。例如，赵先生家族信托的受益人包括未成年的女儿小赵和年纪已大的老赵先生、老孙女士。老赵先生可能更关心每月稳定的现金流，以支付日常生活开销，而小赵的需求可能主要集中在未来的教育和职业发展。在这种情况下，利益分配方案就需要结合受益人情况进行设置。

◉ 受益人之间的关系和平衡

家族信托涉及多个受益人之间的利益关系和平衡。在设计利益分配方案时，应考虑到各个受益人之间的关系，并确保分配方案公平合理，避免引发家族内部的纷争和不和谐。

◉ 法律和税务考虑

利益分配方案应符合当地的法律和税务规定。在设计分配方案时，需要考虑相关的法律规定和税务政策，以确保合规性和合法性。

需要注意的是，信托利益分配方案在设计时需要遵循以下原则：

◉ 灵活性

利益分配方案应具有一定的灵活性，以适应不同情况下的变化。家族信托可能面临各种变化，如家族成员的变动、财务状况的变化等，利益分配方案应能够灵活调整以适应这些变化。

◉ 信托目的导向

利益分配方案应与信托目的相一致，即确保利益分配的方式能够促进实现信托目的。例如，如果信托目的是教育子女，那么利益分配方案可以重点考虑教育费用的覆盖。

◉ 风险管理

利益分配方案应充分考虑风险管理因素。信托财产的投资可能面临风险和波动，利益分配方案应能够合理分配风险和收益，以保护受益人的利益。

马律师专业提示

家族信托利益分配方案应当根据家族的具体需求和目标进行设计，综合考虑公平性、灵活性、目的导向、风险管理等因素，并遵循相关的法律和税务规定。通过合理的利益分配方案，家族信托可以实现家族成员的财富管理和传承目标，并促进家族的繁荣和发展。

常见的信托利益分配方案

赵先生发现,现在财富管理机构制作的信托利益分配已经很完善了,基本将相关需求都进行了总结,他想了解都有哪些常见的信托利益分配方案?

专业解析

目前各家信托公司的信托利益分配方案较多,能够满足绝大部分委托人的需求,以下是一些常见的信托利益分配细分。

◉ 固定分配

可以固定频率、固定金额分配日常生活基金,包括食品、住宿、交通、娱乐等方面的支出。例如,赵先生可以要求每年进行分配。需要注意的是,分配频率不宜太过频繁,如果每周、每月都进行分配,那么会增加信托公司的运营压力,而收费标准也会不同。

◉ 条件分配

将信托财产的收益分配给受益人,但受益人需要满足特定条件(如年龄、教育程度、工作状况等)才能享受分配。这种方案可以鼓励受益人达到特定目标或具备特定能力后再获得收益。

- **医疗基金**

将信托财产的收益用于受益人的医疗保健支持,例如支付医疗费用、购买医疗保险或提供医疗补助。

- **教育基金**

将信托财产的收益用于受益人的教育支持,例如支付学费、提供教育资源或奖学金。

- **创业基金**

将信托财产的收益用于支持受益人的商业活动,例如提供创业资金、投资项目或商业指导。

- **结婚礼金**

将信托财产的收益用于受益人的结婚事宜，为新人送上祝福。

- **生育基金**

将信托财产的收益用于受益人的生育事宜，鼓励家族成员壮大。

- **养老分配**

将信托财产的收益用于受益人的养老安排，例如提供退休金、购买养老保险或提供养老服务。

◉ 临时分配

根据受益人的需要和请求，按照其所需的金额或比例分配信托财产的收益。这种方案可以根据受益人的具体情况和需求进行个性化的分配。

◉ 慈善分配

将信托财产的一部分或全部收益用于慈善事业，捐赠给慈善机构或用于支持特定的公益项目。

马律师专业提示

信托利益分配的设置较为灵活，可以根据委托人的需求和受托人的建议进行定制。常见的方式包括固定分配、条件分配、临时分配和慈善分配等。

信托利益的分配频率

赵先生想知道，信托利益一般多久分给受益人？

专业解析

信托利益分配的频率取决于信托文件中约定的条款，以及委托人和受益人的需求和偏好。在信托设立时，委托人可以根据自己的意愿和目的制定利益分配计划。以下是一些常见的信托利益分配频率选项。

◉ 年度分配

一种常见的做法是按年度进行利益分配。根据信托文件的规定，受益人可以在每年的特定日期或时间段内收到信托的收益。年度分配可以提供稳定的收入来源，同时给予受托人或投资管理人对财产管理的更多灵活性。例如，赵先生的信托可以约定在春节前将一部分收益分配给所有的受益人，以帮助他们在新的一年里迎接节日和开销。这个方案不仅让家族成员能够共享财富，还为他们创造了一个团聚的机会。

◉ 季度或半年度分配

有些信托可能选择将利益分配频率缩短为每个季度或半年度。这样可以更频繁地向受益人提供收入，以满足他们的日常生活和财务需求。

◉ 不定期分配

有些信托可能没有明确规定利益分配的时间表，而是根据需要和可用性进行不定期分配。在这种情况下，信托根据财务状况和委托人的意愿来决定何时进行利益分配。委托人设立信托时也可以在信托文件中约定特殊的分配要求，如特定事件的发生或特定条件的满足。

马律师专业提示

选择信托利益分配的频率应该根据委托人的目标和受益人的需求进行平衡。委托人可以考虑与受益人进行充分的沟通，以确保利益分配计划符合法律规定并满足家族的财务目标。同时分配频率不宜过于频繁，否则会加重受托人的运营成本，通常来说以年或半年为频率为宜，很少有每季度、每月分配收益的。

约束与激励：信托利益分配的引导力

赵先生听信托客户经理毛经理介绍，可以通过信托利益分配来引导受益人的行为，他对此很有兴趣，想具体了解。

专业解析

通过信托利益分配来约束或激励受益人的行为是一种常见的做法。委托人可以通过信托文件明确规定条件分配、阶段性分配、慈善捐赠约束等方式来约束受益人的行为，并激励他们按照设定的目标行事。

◉ 条件分配是一种常见的约束方式

委托人可以设定特定的条件，例如受益人达到一定年龄、求学、就业、创业等，才能获得财产分配。这样可以激励受益人积极发展能力和品德，并确保他们符合委托人的期望。

◉ 阶段性分配是另一种常见的约束方式

委托人可以规定在一定时间段内分阶段进行财产分配，如委托人可以规定在受益人达到一定年龄或特定阶段时分配一部分财产；或者按不同阶段设置不同分配方案。

◉ 慈善捐赠约束是一种通过激励受益人参与慈善事业来约束其行为的方式

信托文件可以设定在特定条件下进行慈善捐赠。例如，将每年投资收益中的一定比例进行捐赠。这样既可以激励受益人参与慈善事业，同时也可以推动他们积极承担社会责任。

除了上述三种方式，还有其他一些策略也可以通过信托利益分配来约束或激励受益人的行为。

◉ 教育和培训计划是一种重要的激励方式

信托文件可以要求受益人参加特定的教育和培训计划,以提升他们的知识储备和专业技能。这可以包括财务管理、投资知识、职业培训等。通过提供教育资源和机会,委托人可以促使受益人发展自己的能力,并更好地管理和利用信托财产。

◉ 行为准则和伦理规范也是约束受益人行为的重要方式

信托文件可以明确规定受益人应遵守的行为准则和伦理规范。这些准则可以包括不涉及违法活动、不滥用信托财产、不损害他人利益等要求。通过设定明确的行为规范,委托人可以约束受益人的行为。

通过以上措施,委托人可以通过信托利益分配来约束受益人的行为,并激励他们在特定条件下采取积极的行动。这有助于保护委托人的意愿和信托的目标,并确保受益人在信托结构中遵守特定的行为准则。

需要注意的是,信托利益分配的约束与激励措施应合法合规,并考虑到受益人的权益和福祉。具言之,委托人在制定相关规定时,应考虑受益人的利益和福祉。同时,约束与激励措施应合理、公正,并符合法律和伦理的要求。

此外,委托人在设立信托、制定约束与激励措施之前,应仔细考虑受益人的情况和需求。信托的目的是保护和支持受益人,在满足委托人的意愿的同时,也要尊重受益人的权益和自主性。因此,委托人应尽量平衡约束与激励的力度,确保其合理性和可行性。

在制定约束与激励措施时,委托人还可以考虑受益人的意见和参与。通过与受益人沟通和协商,可以增加受益人对信托的认同感和责任感,提高他们的参与度和合作性。

最后,委托人应定期审查、评估约束与激励措施的效果,并根据需要进行调整和优化。信托是一个动态的结构,随着时间的推移和受益人的变化,约束与激励措施可能需要进行调整,以适应新的情况和需求。

马律师专业提示

在进行信托利益分配设计时，需要注意，通常来说现在信托公司的信托文件版本已经相对完善，在信托利益分配内容方面可以满足大部分需求。如果委托人有特别需求，需要提前沟通，评估难度和成本。另外，有些信托公司对委托人设立信托的门槛会有一定要求，信托规模较小时，委托人在合同条款修改上话语权较小。

领取信托利益分配所需的资料

赵先生想了解，受益人在领取信托利益分配时，需要提交哪些材料给受托人？

专业解析

当受益人申领信托财产时，通常需要提供一些资料和文件。请注意，具体要求可能因信托的类型、信托文件的规定而有所不同。以下是一般情况下可能需要提供的资料。

◉ 受益人身份证明

受益人需要提供有效的身份证明文件，如身份证、户口簿、护照或驾驶执照。这是用于确认受益人的身份和个人信息的基本文件。基于受益人提供的资料，受托人可以进行反洗钱调查等。

◉ 受益人声明

有些信托可能要求受益人提供书面声明，确认其接受信托和受益人资格。声明可能包括对信托的了解、同意信托条款、接受信托分配、按约定履行受益人义务等内容。

◉ 银行账户信息

受益人需要提供个人银行账户信息，以便信托公司将资金或财产分配到其账户。这通常包括银行账户名称、账号、银行名称和地址等信息。

◉ 联络信息

受益人需要提供有效的联络信息，包括住址、电话号码、电子邮件地址等，以便信托公司与其进行沟通和联系，向其进行信托事务管理报告。

◉ 继承文件（如适用）

如果受益人是因为继承或遗嘱安排而成为受益人的，那么可能需要提供相关的继承文件，如遗嘱、法院判决、继承公证书、继承人关系证明等。

◉ 税务文件（如适用）

根据当地法律和税务规定，受益人可能需要提供相关的税务文件，如个人所得税申报表、纳税证明等。

◉ 附条件信托利益申请材料（如适用）

如果受益人要申领附条件的信托利益分配，那么需要提供相关所附条件的资料证明文件。比如结婚基金，要提供结婚证；创业基金，要提供创业计划书等。

马律师专业提示

以上是一般情况下可能需要提供的资料。受益人应根据具体的信托安排和信托文件的要求，提供准确、完整的资料，并遵守信托公司的要求和程序。通常第一次进行收益分配时，受益人要提交较多文件，履行受益人验证流程，后续仅需要提交申请信托收益对应的资料即可。

家族信托管理模式：自主决策型与受托管理型

赵先生想了解，关于家族信托管理模式，信托公司都有哪些服务模式？

专业解析

家族信托是一种为财富管理和传承而设立的信托形式。根据信托公司的管理模式，从受托人视角来看，目前国内家族信托可以分为自主决策型和受托管理型两种。

◉ 自主决策型家族信托

自主决策型家族信托，是指委托人将信托财产交由信托公司管理，并授权信托公司全权负责投资决策的信托业务模式。在这种模式下，委托人无须自行选择投资产品，而是将信托财产交给信托公司，由信托公司负责制定投资策略和进行资产配置。在这种模式下，信托公司需要具备较强的投资配置和组合管理能力，通过主动管理建立投资组合，为客户提供符合其投资需求和风险承受能力的最佳投资方案。假设赵先生特别繁忙，他的时间主要集中在自己的事业上，且他希望能够将投资事务交由专业的信托公司处理，他可以选择自主决策型家族信托模式。

◉ 受托管理型家族信托

受托管理型家族信托，是指委托人指定投资顾问或其他第三方根据委托人的风险偏好和意愿选择投资标的，或者由委托人自主选择投资标的，而信托公司仅根据投资指令或建议进行操作，不承担投资决策的管理职责。在这种模式下，委托人保留了投资决策的权利，信托公司则负责根据委托人的指示进行投资交易。

这两种类型的家族信托对信托公司的能力要求和服务效率提出了不同的要求。自主决策型家族信托要求信托公司具备较高的资产配置能力、资产供给能力和投研能力，以便有效管理信托财产并实现长期收益。受托管理型家族信托则要求信托公司能够准确执行委托人的投资指令，确保按照委托人的意愿进行投资交易。

在家族信托的选择中，委托人需要根据自身的需求和意愿选择合适的管理模式。无论是自主决策型还是受托管理型，委托人都应与信托公司充分沟通和协商，确保信托公司能够理解并满足委托人的需求，确保家族信托顺利运作和实现预期目标。

在选择自主决策型还是受托管理型家族信托时，委托人需要考虑以下几个因素。

◉ 投资能力和专业知识

如果委托人对投资决策没有足够的专业知识和能力，或者希望将投资决策交由专业团队处理，那么自主决策型家族信托可能更适合。因为在这种模式下，信托公司将根据委托人的风险偏好和投资目标，制订相应的投资策略和组合管理方案。

◉ 时间和精力投入

委托人需要考虑自身是否有足够的时间和精力参与投资决策和交易过程。如果委托人希望将投资交由信托公司全权处理，无须自行选择投资产品和参与交易流程，那么自主决策型家族信托可能更合适。需要注意的是，对于委托人自己下达指令的投资操作，受托人通常是不会进行单独尽调的，相关的投资损失风险、投资标的出现风险处置等情况，也均由委托人、受益人自行处理。对于自然人客户来说，即使风险承受能力较强，但实际上仍可能是欠缺风险处置能力的。

◉ 信任关系

家族信托建立在信任的基础上，委托人需要考虑与信托公司的信任关系和合作方式。如果委托人对信托公司有足够的信任，并愿意将投资决策全权委托给信托公司，那么自主决策型家族信托可能更适合。如果委托人更倾向于与特定的投资顾问或合作方进行投资决策，并希望信托公司仅按指令操作，那么受托管理型家族信托可能更适合。

◉ 投资标的

在考虑选择自主决策型还是受托管理型时，还需要考虑投资标的的丰富程度，是否有足够的投资标的，以及投资标的是信托公司或其关联方管理的产品，还是全市场的产品。在一些银信、信保、证信等合作中，往往是银行、券商这些机构作为投资顾问参与其中，信托公司主要负责信托架构及相关信托事务，渠道方与委托人关系更为亲近，各家机构共同为客户提供综合服务。

马律师专业提示

家族信托可以根据委托人的需求和意愿选择受托人管理方式。自主决策型家族信托由信托公司全权负责投资决策和资产管理，适合委托人希望将投资决策交由专业团队处理的情况。受托管理型家族信托由委托人指定投资顾问或第三方进行投资决策，并由信托公司按照指令进行操作，更适合委托人希望保留投资决策权的情况。委托人在选择家族信托管理模式时应综合考虑投资目标、家族信托目的等。

投资顾问的设置

对于投资顾问，赵先生想知道是否有必要进行设置？以及有哪些需要注意的事项？

专业解析

在设立信托时，投资顾问并不是必须设置的，而是结合投资管理情况具体考虑的。对于以信托公司作为受托人的家族信托，因为信托公司本身就属于金融机构，具有资产管理能力，所以信托公司可以作为投资决策管理人。投资顾问在家族信托中扮演着重要的角色，其具有丰富的投资知识和经验，能够为信托财产的管理和增值提供有益的建议和指导。

投资顾问的职责包括进行投资者风险测评、为信托选择合适的投资项目、制定投资计划和策略、评估投资风险、提供投资建议等。通过聘请专业的投资顾问，可以提高信托财产的管理水平，降低投资风险，从而更好地保护受益人的权益。

投资顾问通常是由具备相关专业知识和经验的机构担任，例如银行、券商、资管公司等。当选择投资顾问时，委托人应考虑以下几个关键因素：

◉ 专业能力和经验

投资顾问应具备相关的专业能力和经验，包括投资分析、风险管理、资产配置等方面的能力。他们应能够理解委托人的投资目标和风险偏好，并根据市场情况制定适当的投资策略。

◉ 诚信和可信度

投资顾问应具备高度的诚信和可靠性，能够保护委托人的利益并遵守职业道德准则。他们应始终以客户的最大利益为出发点，避免利益冲突和不当行为。

◉ 个性化的服务

投资顾问应能够根据委托人的需求和信托的特点提供个性化的投资服务。他们应与委托人保持密切的沟通，了解其投资目标、风险承受能力和时间限制，并基于这些信息制订适合的投资方案。

◉ 适应变化的能力

投资顾问应具备适应市场变化和投资环境变化的能力。他们应能够及时调整投资策略，以应对市场波动和风险变化，并确保投资组合的稳健运作。

◉ 客户服务和沟通能力

投资顾问应具备良好的客户服务和沟通能力，能够清晰地解释投资策略和风险，并定期向委托人提供投资报告和业绩更新。

委托人在选择投资顾问时应综合考虑以上因素，与潜在的投资顾问进行沟通，了解其投资理念、团队配置和业绩记录。值得注意的是，如果信托财产规模较小，聘请投资顾问可能会增加信托的管理成本，因此在考虑是否聘请投资顾问时，需要综合考虑信托的实际情况和受益人的需求。

马律师专业提示

虽然设置投资顾问不是设立信托的必需条件，但聘请专业的投资顾问可以提供专业的投资建议，提高信托资产的管理水平和风险控制能力。委托人应根据信托的规模、目标和受益人的需求，综合考虑相关因素，选择合适的投资顾问，并与其建立良好的合作关系，以实现信托的长期增长和受益人的利益最大化。目前实务中，存在很多信托公司管理的信托产品不足，无法满足客户投资配置需求，与其他机构合作客户服务等情形，聘请投资顾问的情况也相对普遍。

委托人参与信托财产投资管理的利弊与决策

赵先生已经知道可以聘请专业机构作为投资顾问，为信托财产投资管理提供建议。他现在关心的是，委托人自己是否也可以参与信托财产的投资管理运用？

专业解析

委托人在信托设立后是否可以参与信托财产的投资管理，是一个需要仔细考虑和明确约定的问题。一般来说，信托的目的是将信托财产交由受托人管理和投资，以实现委托人和受益人的利益最大化。但在某些情况下，委托人可能希望保留一定的投资决策权或参与投资管理过程。从委托人视角来看，如果委托人保留投资管理权限，那么可能存在以下两种管理情形。

◉ 委托人自己决策权

委托人可以要求在信托文件中规定自己保留一定程度的决策权，即委托人有权参与信托财产的投资决策。这意味着委托人可以根据自己的意愿和判断，指定特定的投资方向或投资标的。

◉ 委托人委托他人处理

委托人将保留的投资决策权授权给其他人行使，比如委托人信任的亲友，或者其他专业机构。

然而，需要注意的是，委托人参与信托财产的投资管理可能会带来一些潜在的问题和挑战。

◉ 利益冲突

委托人可能会受到自身的经济利益、个人情感或其他因素的影响，导致投资决策不够客观和理性。

◉ 专业知识和经验

委托人需要具备足够的投资知识和经验，才能作出明智的决策。如果委托人缺乏相关的专业知识，可能会对投资决策产生负面影响。

◉ 责任承担

如果委托人选择参与信托财产的投资管理，那么将承担相应的责任。

◉ 时间和精力投入

委托人参与投资管理需要投入一定的时间和精力。委托人需要持续监控市场状况、进行投资研究、制定投资策略等，当然委托人也可以聘请投资顾问、咨询顾问等提供投资建议或投资分析。

委托人保留投资决策权可能会对信托的有效性产生一定的影响。

◉ 投资责任

受托人照信托文件的规定管理和处置信托财产，以实现委托人设定的目的。委托人保留投资决策权可能会免除受托人的投资责任。

◉ 利益冲突

委托人可能会受到个人利益的驱动，而不是以最大化受益人利益为出发点进行投资决策。这可能会损害信托财产的价值和受益人的权益。委托人保留投资决策权可能导致利益冲突的产生。

◉ 信托保护能力

委托人保留投资决策权可能降低受托人对信托财产的管理和保护的能力。

马律师专业提示

委托人是否可以参与信托财产的投资管理取决于委托人的意愿、能力和信托文件的约定。如果委托人有足够的投资知识和经验,并且愿意承担相关的责任和义务,那么可以通过合理的安排和协议来允许委托人参与投资管理。然而,这也需要谨慎考虑潜在的利益冲突和责任承担,并确保委托人的参与不会损害信托的整体利益和目标。在制定决策时,委托人应当充分考虑受托人的专业能力和诚信度,为其提供足够的权利和自主权,以便有效实现信托的目的和保护受益人的权益。在进行投资决策时,委托人还可以聘请投资顾问、咨询顾问等提供投资建议或投资分析。

信托受益人可以管理、控制信托财产吗

赵先生想知道，除了自己能够参与到信托财产投资管理中，受益人是否可以管理、控制信托财产？

专业解析

通常来说，受益人在信托中并不具备直接的管理和控制信托财产的权利。信托的核心原则是将信托财产的控制权和所有权分离，委托给受托人来管理和处置。受益人在信托中的地位是作为最终的利益享有人，享有信托财产所产生的利益，但并不直接拥有、管理和控制信托财产。

信托的设立是通过委托人将财产转移给受托人，并设定信托目的和受益人。委托人通过信托文件明确了受托人的职责和权益，以及受益人的权益。受托人按照委托人的指示和信托目的来管理和处置信托财产，最终将利益分配给受益人。

受托人在信托文件规定的范围内行使对信托财产的占有、管理和处置权。受益人在信托中的地位是被动的，他们并没有直接占有、管理和控制信托财产的权利。受益人有权获得信托财产所产生的利益，例如收益、分红等。但是，这并不意味着受益人可以直接干涉信托财产的管理和控制。

受托人作为信托的执行者，有责任按照法律和信托文件的规定，以诚实信用、勤勉尽责和忠实保管的原则来处理信托事务。

受托人在行使对信托财产的管理和控制权时，必须按照委托人的意愿和信托目的进行操作。他们需要根据信托文件的规定，最大化受益人的利益。受托人有责任保护信托财产的安全，确保信托目的的实现。

受益人可以通过信托文件的约定来享受信托财产所产生的利益。信托文件可以规定受益人的权益范围、分配方式等。委托人在制定信托文件时可以考虑受益人的需求，确保他们能够在信托中获得合理的经济利益。

当然，在某些情况下，受益人可能对信托财产的使用和分配提出建议或意见。受益人可以与受托人进行沟通，并就信托事务提出合理的要求。受托人在行使管理权利时,应当尊重受益人的合理需求,并根据实际情况作出适当的决策。

为了保护受益人的权益,我国《信托法》规定,“因设立信托时未能预见的特别事由,致使信托财产的管理方法不利于实现信托目的或者不符合受益人的利益时,委托人有权要求受托人调整该信托财产的管理方法”。委托人该项权利,受益人也同样享有。只有在前述情形下,受益人基于自身利益维护,才有权要求受托人调整信托财产的管理方法。除此之外,在信托文件没有约定前提下,受益人并不能直接干预信托财产的管理。

马律师专业提示

原则上受益人在信托中并不具备直接的管理和控制信托财产的权利。信托的核心是将财产的管理和控制权交由受托人来行使,以实现信托目的和保护受益人的利益。受益人可以享受信托财产所产生的利益,但不能直接干预信托财产的管理和决策。受托人有责任按照委托人的意愿和信托目的来管理财产,保护受益人的权益。信托的分工和专业化管理有助于确保信托的稳定运作和受益人的利益。但是,因设立信托时未能预见的特别事由,致使信托财产的管理方法不利于实现信托目的或者不符合受益人的利益时,受益人有权要求受托人调整该信托财产的管理方法。此时受益人基于自身权益的维护,在信托财产管理办法的调整方面有一定权利,具体需要按照法律规定和信托文件约定操作。

信托保本保收益吗

赵先生想知道，如果他设立家族信托，对于投资收益来说，家族信托的投资保本保收益吗？

专业解析

家族信托的本质是为了实现资产隔离、保护和传承财富，而非以保本保收益为主要目标。因此，家族信托不能简单地被视为一种保本的金融产品。即便是资产管理产品，也是不保本保收益，而是“卖者尽责、买者自负”的。家族信托的投资收益是由受托人根据信托文件和投资策略进行管理和运作的结果，存在一定的投资风险，也就是说家族信托不保本也不保收益。

委托人在设立家族信托时，通常会与受托人进行充分的沟通和协商，明确信托的投资目标、风险承受能力和收益预期。受托人会根据委托人的要求和信托文件的规定，制定相应的投资策略，并努力平衡保值和追求收益的关系。受托人还会进行投资风险评估、财务分析和研究，以及定期监督和报告投资表现。

然而，投资本身存在着市场波动和不确定性，无法完全消除投资的风险。投资受到市场波动、经济变化、政策调整等因素的影响。因此，无法保证投资的回报是稳定和固定的，也不能保证资产的本金不会受到损失。在金融领域，风险与回报通常是成正比的，即追求高回报往往伴随着更高的风险。家族信托的投资也不例外，如果追求更高的收益，可能需要承担更大的投资风险。相反，如果注重资产的保值，可能会限制投资组合的回报潜力。

假设赵先生设立一个家族信托，旨在为未来几代人提供资金支持。他的目标是在长期内保持资产的保值，以确保家族的长期财富传承。受托人可能会制定一个以稳健投资为主的策略，以降低风险，但可能也会限制回报。

在家族信托中，委托人和受托人之间的合作和沟通至关重要。委托人应该理性认识投资风险，并在设立信托时明确自己的投资目标和风险承受能力。受托人应当按照法律法规和道德标准，以最大限度地保护信托财产的价值，并根据委托人的要求和信托文件的规定进行投资管理。

马律师专业提示

家族信托并非保本保收益的金融产品,其主要目的是实现资产隔离、保护和传承财富。委托人在设立家族信托时需要理性认识投资风险,并根据个人情况制订适合自己的投资方案。受托人会根据信托文件和委托人的需求制定投资策略,努力平衡保值和追求收益的关系。然而,投资本身存在风险,无法完全消除投资的可能损失。委托人和受益人需要谨慎评估投资风险,并在投资决策中充分考虑风险和收益的权衡。因此,委托人在设立家族信托时,应当充分了解投资的本质,明确自己的投资目标,与受托人密切合作,制定适合自己家族需求的投资策略。如果聘请了投资顾问,那么就投资管理相关事项,还需要考虑与投资顾问之间的相关沟通情况,以及投资顾问的服务范围等。总之,投资是一项复杂的任务,需要充分了解和考虑各种因素。对于家族信托投资来说,重点是平衡保值和追求收益的关系,并在投资决策中充分考虑风险和收益的权衡。只有在明智的投资决策和合理的风险管理下,家族信托才能实现长期的财富保值和增长。

如果投资亏损了，受托人会赔偿吗

赵先生知道了家族信托并不保本保收益，他想知道如果投资出现亏损了，那么受托人会赔偿吗？

专业解析

当家族信托投资发生亏损时，受托人是否会赔偿是一个复杂的问题，这取决于具体情况和信托文件的约定，核心在于受托人是否有受托责任。

◉ 需要考虑投资决策主体

具体家族信托项目的投资决策是委托人保留投资决策权，受托人根据委托人投资指令进行的操作，还是受托人自主管理的投资决策。在委托人保留投资决策权时，其需要承担相对应的投资风险责任。

◉ 受托人的责任和义务

受托人在管理信托财产时应遵循诚实、信用、谨慎和有效管理的原则。需要审查信托文件，受托人是否存在违反信托文件约定的投资范围、违法违规违约操作等。如果受托人在投资决策过程中存在过错、违反法律规定或处理不当，导致了投资亏损，那么受托人可能需要承担相应的赔偿责任。这需要根据具体情况来评判，包括受托人的行为、投资决策的合理性以及是否存在违法行为等。

◉ 如果委托人认为受托人存在过错或违约行为，导致了投资亏损，委托人可以通过法律途径寻求赔偿

委托人可以通过向人民法院提起诉讼或采取其他合法手段，要求受托人承担相应的法律责任。然而，这需要委托人提供充分的证据来证明受托人的过错或违约行为，并经过人民法院的审查和认定。

需要注意的是，投资本身是伴随风险的。市场波动、经济变化、政策调整等因

素都会影响投资的结果。家族信托的受托人是按照投资策略进行管理的,无法保证投资绝对盈利,也无法保证资产不会出现亏损。因此,投资亏损并不一定意味着受托人要承担责任。例如,如果赵先生设立了家族信托,信托文件明确规定受托人有自主投资决策权,受托人根据投资策略进行了投资,但由于市场波动导致投资亏损,赵先生很难要求受托人承担赔偿责任,因为受托人按照规定进行了操作,投资亏损属于市场风险,而非受托人的责任。

马律师专业提示

家族信托投资亏损后,受托人是否会赔偿取决于具体情况、信托文件的约定以及受托人的责任和行为。在一般情况下,受托人不承担投资亏损的赔偿责任,因为投资本身存在风险和不确定性。

了解信托管理情况的途径

赵先生想知道信托成立后，受托人需要向他报告哪些事项，以及他从哪些途径可以看到这些相关信息？

专业解析

委托人设立家族信托后，具有知情权，信托公司有责任向委托人提供信托的管理情况和相关信息。委托人可以通过以下几种途径了解信托管理情况。

◉ 定期信托事务管理报告

根据信托文件的约定，受托人会定期向委托人发送信托事务管理报告。这些报告通常在一定的时间间隔内进行，如每年等。报告内容包括信托财产的管理运用情况、投资项目的状况、收支情况等。通过定期报告，委托人可以了解信托财产的情况和运作情况。

◉ 临时信息披露

如果发生特定情况，那么受托人将在一定期限内向委托人发送临时信息披露。这些情况可能包括信托财产发生重大损失等。临时信息披露的目的是让委托人及时了解相关情况，以便他们采取适当的行动或提出异议。

◉ 清算报告

当家族信托终止后，受托人会提供清算报告给委托人。清算报告描述了信托财产的清算情况，包括资产变现和负债清偿等。通过清算报告，委托人可以了解信托事务的最终处理结果。

信托公司向委托人提供披露信息的方式可以包括邮寄、电子邮件、专人送达、App送达等，具体以信托文件约定为准。委托人可以根据自己的偏好，选择适合的方式来接收信托管理情况的披露信息。

作为委托人,了解信托管理情况非常重要。委托人应积极参与和了解信托财产的运作和管理,对信托公司提供的披露信息进行审查和评估。如果有任何疑问、异议或需要进一步了解的,那么委托人可以与信托公司进行沟通。

马律师专业提示

信托公司有责任向委托人提供信托的管理情况和相关信息。委托人可以通过定期信托事务管理报告、临时信息披露和清算报告了解信托管理情况。委托人应积极参与和了解信托财产的运作和管理,并对信托公司提供的披露信息进行审查和评估。委托人可以通过与信托公司沟通,解答疑问,以确保自身权益得到保护。目前很多信托公司借助电子系统进行客户管理,与客户进行电子文件传输,也很方便。

信托财产的保管

赵先生想知道，财产交给信托公司后，这些财产都是如何保管的？

专业解析

信托财产的保管是信托运作中非常重要的一环，保管好信托财产才能确保财产的安全和保值增值。在一般情况下，信托财产由信托公司进行保管，除此之外还有以下保管方式。

◉ 银行托管

信托财产委托给银行进行托管是一种常见的方式。银行作为金融机构，具有稳定的财务实力和完善的安全措施，可以提供信托财产的安全保管和管理服务。银行托管还可以提供账户监控、交易结算和报告等专业服务。目前，资金类信托财产一般采用银行托管形式。

◉ 第三方托管机构保管

除了信托公司和银行，信托财产还可以委托给独立的第三方托管机构进行保管。这些机构通常是专门从事资产托管的公司，具备专业的保管设施和管理系统，能够提供安全可靠的信托财产保管服务。对于一些特殊动产，如珠宝、艺术品等需要聘请单独的托管机构进行保管。

需要注意的是，托管机构在托管财产时并非对财产本金或收益提供保证或承诺。同时，托管机构并不承担投资标的或项目的风险，也不对投资亏损、产品问题等风险的处置或追偿负责。

尽管托管机构在托管财产时会提供安全保管、会计核算、资产估值等服务，但并不对投资结果负责。换言之，托管机构的职责是保管和提供相关服务，确保财产的安全性和透明度，但并不对财产的价值变化或投资风险承担责任。

马律师专业提示

受托人在选择保管机构时应充分考虑其信誉、专业能力和稳定性，并在相关协议和合同中明确规定各方的权责和责任分配。

何时设立信托比较好

经过前面的介绍，赵先生觉得信托制度很好，但还没有拿定主意，他想了解什么时点适合设立信托？

专业解析

信托设立是一种管理财产和传承财富的方式，它允许委托人在保持对财产一定控制的同时，将其转移到受托人手中进行管理，以便受益人在未来从中获益。对于赵先生关于何时是设立信托的最佳时机的问题，是一个极好的问题，因为在此过程中，时间安排是重要的考量因素。设立信托的最佳时间没有固定的答案，因为这完全取决于赵先生的个人状况和目标。然而，有一些关键时刻，可能需要他考虑设立信托。

◉ 财产增多

当赵先生的财富达到一定程度，他可能会发现自己需要更复杂的工具来管理这些财富。比如，他可能已经拥有了一些房产、股票、债券、艺术品等贵重资产。这些资产可能需要专业的管理，以保证它们的价值得到保持和增长。在这种情况下，设立信托可能是一个好的选择，因为信托可以对家庭财产进行整体性、系统性管理和安排。

◉ 重大身份或财产权属发生变化

一些重大身份关系发生变化，或者财产权属发生变化时，是需要我们重点关注和重新评估风险的，关键节点包括但不限于婚姻、继承、收养、监护、国籍、税居、法定代表人、董监高、股东、举债、担保、赠与、代持、投资、上市等情况。例如，家庭状况的变化可能是设立信托的一个触发因素。假设赵先生刚结婚或者有了孩子，那么此时他可能会开始考虑重新规划自己的财产安排。设立信托可以让他详细规划财产的分配方式，以及财产在何时、如何转移到受益人手中，对于保护他的家人，体现他的关爱，非常有用。假设赵先生正在经历离婚或其他家庭纠纷，那么在这些情况下，提前设立信托可以保护他的财产不受这些纠纷的影响。信托中的财产在法律上不再属于他，因此通常不会被算入离婚财产分割或其他家庭纠纷的范围。

◉ 健康状况变化

健康状况的变化也可能会影响赵先生设立信托的时间。例如，他可能被诊断出患有一种长期或慢性疾病或癌症，这使他无法继续管理自己的财产，并且需要在一定期限内对财产进行安排。在这种情况下，设立信托可以确保他的财产得到妥善管理。通过信托，他可以将财产委托给受托人进行管理，并且延续他的意愿。

◉ 遗产规划

当赵先生开始考虑遗产规划时，设立信托可能是一个重要的策略。通过信托，可以确保财产在他去世后按照他的意愿进行分配。

◉ 财务规划

财务规划可能包括税务优化、保护资产免受债权人索赔等策略。设立信托可以帮助赵先生实现这些目标。通过将财产转移到信托中，可以将其从委托人的个人资产中分离出来，从而降低潜在的风险。

◉ 照顾特殊需要的家庭成员

如果赵先生有特殊需要的家庭成员，例如，身心障碍者、年幼儿童或年迈的家庭成员，设立信托可以确保他们得到长期且稳定的照顾。通过信托，可以为他们提供经济支持，并指定受托人确保这些资金用于他们的生活和医疗费用。

为了确保赵先生尽量在合适的时间设立信托，建议考虑以下因素：

◉ 财务状况

在设立信托之前，他需要了解自己的财务状况，包括收入、支出、资产和负债。这将帮助他确定设立信托的财务目标和策略。

◉ 家庭状况

家庭状况，包括婚姻状况、子女数量和年龄、家庭成员的健康状况等，这都可能影响委托人设立信托的时间和方式。

◉ 遗产规划目标

在设立信托之前，建议赵先生明确遗产规划目标。因为有些信托安排，是需要与遗嘱工具配合使用的。这包括赵先生希望如何分配财产、受益人在何时和何种情况下收到分配利益，以及财产在他去世后如何管理等。

◉ 税务状况

赵先生可能需要考虑税务状况的影响。例如，设立信托可能会影响他的税务状况，因为信托中的财产在某些情况下可能会受到不同的税务待遇。

◉ 风险承受能力

设立信托可能会带来一些风险，例如信托财产的管理风险、法律风险、投资风险等。赵先生需要根据自己的风险承受能力来决定是否设立信托，以及设立何种类型的信托。

设立信托的时间和方式应根据赵先生的具体情况和需求进行调整。信托可以是一个强大的工具，但是只有当它被正确使用时，才能实现其最大的潜力。

在考虑设立信托的过程中，赵先生可能会遇到许多问题和挑战。这是正常的，因为设立信托是一个复杂的过程，需要考虑许多因素。然而，如果他能够在正确的时间设立信托，并正确地管理信托，那么信托将为他和他的家庭带来巨大的好处。设立信托可以帮助他保护财产、规划遗产、照顾家庭成员以及实现其他目标。

需要注意的是，设立信托是一个持续的过程，需要定期审查和更新。在设立信托后，赵先生的生活状况可能会发生变化，他的信托目的、目标可能会改变，法律和税务环境政策也可能会改变。因此，需要定期审查已经设立的信托，确保信托仍然符合既定的需求和目标。

马律师专业提示

设立信托的最佳时间取决于委托人的个人状况和目标。委托人应该在考虑所有相关因素后，作出最适合的决定。越早越好，因为等身体状态很差，没有行为能力，或其他情况时，未必有足够时间设立信托，或者未必符合信托设立的条件。

信托期限的设计

赵先生想知道，一个信托可以存续多久，以及信托期限是怎么安排的？

专业解析

信托期限，是指在设立信托时约定的信托生效后的时间段。根据实际情况和需求，信托期限可以灵活设定，一般有以下两种方式：

◉ 固定期限信托

固定期限信托，即在信托文件中明确规定一个具体的期限。这可以根据信托目的和受益人的需要进行设定。例如，如果信托是为了资助受益人的教育，信托期限可以设置为受益人达到成年或完成学业后的一段时间。对于资产保护或财产传承的信托来说，可以根据家族规划和财产管理的需要来确定期限。固定期限的设定可以帮助委托人和受益人在特定时间内实现预期的目标。

◉ 无固定期限信托

有些信托并不设定具体的期限，即信托可以长期存在，直到达到特定条件或目标。在这种方式下，信托的存在时间由委托人或相关法律规定的条件来决定。无固定期限信托更具灵活性，可以适应不同的情况和变化，但也需要在信托文件中明确约定信托的解除条件或终止条件。

在设定信托期限时，需要综合考虑以下因素：

◉ 信托目的和受益人需求

信托期限应与信托的目的和受益人的需求相匹配。根据信托目的的不同，可以确定信托的时间范围，以确保信托在达到预期目标后能够顺利终止。

◉ 信托财产的性质和特点

信托财产的种类和性质也会影响信托期限的设定。例如，一些财产可能需要较长时间才能实现增值，而另一些财产可能需要更长的时间进行变现或处置。

◉ 受托人的管理能力

信托期限的设定还应考虑受托人的管理能力。如果受托人具备良好的资产管理能力，那么可以考虑设定较长的期限；如果受托人能力有限，或者需要委托专业机构来管理信托财产，那么可以考虑设定较短的期限。

◉ 法律和监管要求

不同的国家和地区可能对信托期限的设定有一定的限制或要求。在设定信托期限时，需遵守当地相关法律和监管规定，确保合规操作。

此外，需要注意的是，信托期限的设定并非一成不变，有时可能需要根据实际情况进行调整。在信托期限到期前，委托人和受托人可以根据需要重新评估和调整信托期限。例如，如果原先设定的信托期限无法实现预期目标，或者在期限到期前受益人的需求发生了变化，可以通过协商和修改信托文件来调整信托期限。

最后，无论是设立固定期限的信托还是无固定期限的信托，都需要在信托文件中明确约定信托期限及相关的解除或终止条件。信托文件的编制应当符合法律要求，确保委托人的意愿得到充分体现，并明确规定各方的权利和责任。

马律师专业提示

信托期限的设定应根据信托目的、受益人需求、信托财产特性、受托人能力以及法律和监管要求进行综合考虑。通过合理的期限设定，可以实现信托目标并保护受益人的权益。在信托文件中应明确约定期限及相关条件，以确保信托的顺利进行和达到预期目标。

跨代际的家族信托

赵先生在思考,如果家族信托期限可以很长,那么家族信托是否可以涉及多个代际?

专业解析

家族信托通常可以涉及多个代际,具体取决于委托人的意愿和信托文件的规定。家族信托旨在实现财富的长期管理和传承,因此在信托设计时可以考虑跨越多个代际,以确保家族的持续繁荣和利益保障。以下是家族信托涉及多代际的一些考虑因素。

◉ 信托条款的规定

家族信托的设立需要明确的信托文件来约定信托的目的、受益人的权益、信托财产的管理和分配等事项。在信托文件中,可以明确指定信托的跨代际性质,即使委托人去世后,因为委托人不是唯一受益人,还有其他受益人存在,信托仍然存续。

◉ 继任机制

为了实现多代际的目标,家族信托可以设立继任机制,确保信托在委托人离世后仍然平稳有效运行。这可以包括指定继任的受托人或指定信托保护人、继任的信托保护人等,以持续管理和执行信托事务。

◉ 受益人的设定

在家族信托中,受益人的设定是关键。除了委托人本人和当前的家族成员外,可以考虑将未来的子孙后代列为受益人,确保财富在多个代际中的传承和利益分配。受益人可以包括委托人的子女、孙子孙女、曾孙子孙女等,并在信托文件中明确规定他们的权益和受益条件。

◉ 受益权的管理和分配

家族信托可以设立详细的受益权管理和分配机制，以确保财富在多代际中合理分配。具体包括信托受益权的流程规则，信托受益权顺位、转让、继承等事项。

◉ 教育下一代

家族信托的多代际目标之一是为家族成员提供教育，以便他们能够有效地管理和继承财富。信托可以为下一代提供培训、导师指导和资源支持，以帮助他们了解财务管理、投资策略、法律事务等方面的知识。这可以通过家族信托委托给受托人或其他专业顾问来实现，他们可以提供培训课程、组织家族会议和研讨会，并与家族成员分享财务知识和经验。

◉ 持续监督和评估

在家族信托涉及多代际的情况下，持续的监督和评估至关重要。委托人可以设立家族委员会或家族理事会，由不同代际的家族成员组成，负责监督信托的运作和决策过程。此外，委托人还可以要求受托人提供定期报告和财务信息，以确保信托的有效管理和家族成员的利益。

◉ 税务规划和遗产规划

在涉及多代际的家族信托中，税务规划和遗产规划是重要的考虑因素。家族信托可以帮助家族成员最大限度地减少遗产税和其他财务负担，并为后代提供财务支持和保护。通过合理的税务策略和遗产规划，家族信托可以确保财富在多代际之间的平稳传承。

◉ 法律合规和风险管理

在涉及多代际的家族信托中，法律合规和风险管理也至关重要。委托人和受托人需要遵守适用的法律和监管要求，并确保信托的运作符合法律规定。此外，他们还需要识别和管理潜在的风险，例如法律纠纷、家族争议和财务损失等，并采取适当的措施进行风险管理和冲突解决。

马律师专业提示

家族信托在涉及多代际时需要综合考虑家族成员的需求、目标和利益，同时制定明确的信托文件和管理机制。通过设立继任机制、明确受益权管理和分配、提供教育下一代、持续监督和评估等措施，家族信托可以在多代际中实现财富的长期管理和传承。同时，法律合规、税务优化和风险管理等也是必不可少的，以确保信托的合法性和稳定性。通过综合考虑这些因素，家族信托可以为家族的持续繁荣和利益保障提供重要的法律工具。

信托设立后，委托人可以随时取回财产吗

赵先生想知道，信托设立后，如果需要用钱，他能随时取回财产吗？

专业解析

信托设立后，委托人通常无法随时取回财产。信托的核心目的是将财产转移给受托人，并由受托人按照设立信托时约定的目的和条款进行管理和分配。委托人通常放弃了对财产的直接控制权，将其交由受托人负责管理。因此，即便委托人需要用钱，通常也不能直接取回信托财产。

然而，在信托文件中可以约定在一些条件和情况下，委托人可以取回部分或全部财产。这些条件可能包括信托终止、特定目标的达成、特定事件的发生等。委托人可以在信托文件中明确规定这些条件，并与受托人达成一致。

此外，作为受益人的委托人也可以通过信托利益分配来获得一定的款项。根据信托文件约定的利益分配方式，委托人可以在满足受益人资格时获取相应的收益。这并非直接取回信托财产，而是通过利益分配的形式来获取收益。

需要强调的是，委托人在设立信托时应清楚地了解财产的转移和信托的目的，并且在信托设立后不能随意撤回财产。因此，在设立信托之前，委托人应该仔细考虑财产的置入和信托的目的，以确保理解和遵守信托的约定和规定。在可撤销信托和不可撤销信托章节中，曾提到过可撤销信托，其是指委托人在设立信托后有权利随时撤销或修改信托的条款和安排。这意味着委托人在设立可撤销信托时保留了对信托财产的控制权，并可以自由地更改或废除信托。可撤销信托就像是一个灵活的盒子，里面放着一些财产，比如钱、房屋等。委托人可以随时打开盒子，取出财产，或者加入新的财产进去。这就表示他有权利在未来随意修改或终止这个信托，就像随时打开盒子一样方便。

马律师专业提示

委托人设立信托后通常不能随时取回财产。如果委托人想随时取回信托财产,那信托财产也很难与委托人其他财产相区分,仍然处于委托人的控制之下,自然也会纳入委托人的责任财产范围内。信托的设立旨在实现特定目的和保护受益人的权益,如果信托财产被随意取回、信托被随意终止,那么将无法实现信托目的。委托人可以在信托文件中约定在特定的条件和情况下取回财产,或通过信托利益分配获得收益。委托人在设立信托前应该清楚理解和接受财产的转移和信托的限制。

信托终止的情形

赵先生提出了一个非常关键的问题：信托在什么情况下会终止？

专业解析

信托终止，是指信托关系因特定的法定情形而终止或消灭。根据《信托法》的规定，信托的终止情形包括以下六种法定情形。

◉ 信托文件规定的终止事由发生

信托文件可以规定信托的终止条件或终止期限。当信托文件规定的终止条件达成或终止期限届至时，信托关系终止。

◉ 信托的存续违反信托目的

信托关系的存续必须符合信托目的，当信托的存续违反了委托人设立信托的目的时，信托关系将终止。

◉ 信托目的已经实现或不能实现

信托是为实现一定的信托目的而设立的，当信托目的已经实现或者不可能实现时，信托关系将终止。例如，委托人设立信托用于支付受益人的医疗费用，但受益人已经康复，信托目的已经实现，信托将终止。

◉ 信托当事人协商同意

信托当事人，即委托人、受托人和受益人，可以通过协商一致的方式解除信托关系，从而终止信托。信托关系的存在是基于信任的，当信任关系发生变化或当事人之间达成一致意见时，信托可以终止。

◉ 信托被撤销

当委托人设立的信托损害其债权人利益时，债权人可以申请人民法院将该信托予以撤销，从而终止信托关系。

◉ 信托被解除

根据《信托法》的规定，如果委托人是唯一受益人，委托人或其继承人可以解除信托。另外，根据信托文件的规定或者受益人的同意，委托人也可以解除信托。此外，如果受益人对委托人有重大侵权行为或根据信托文件的规定发生其他情形，委托人也可以解除信托。

信托终止的法定情形旨在保护委托人、受托人和受益人的权益，确保信托行为在特定条件下终止，以满足各方的合法权益。这些法定情形提供了一种规范和确定信托终止的方式，同时也保护了第三方的利益。

在信托终止时，各方应遵守相关法律规定，履行相应的程序和义务。委托人、受托人和受益人之间应进行协商，并确保他们的权益得到平等对待和保护。此外，如果涉及信托财产的处置，应根据信托文件或法律规定的程序进行，确保财产的合法转移和合理利用。

信托终止的法定情形不仅为信托行为的终止提供了明确的依据，也为信托的管理和监督提供了一定指导。通过合理的终止条件和程序，信托行为的合法性和合规性得到了保障。信托终止后，信托财产的处置和利益分配也能够在法律框架下进行，确保各方的权益得到妥善处理。

马律师专业提示

信托终止，是指信托关系因特定的法定情形而终止或消灭。信托终止的法定情形为信托行为提供了明确的终止依据，同时也为信托的管理和监督提供了指导，保障了信托行为的合法性和合规性。

受托人是否有权终止或解除信托文件

除委托人有权终止信托外,赵先生想知道受托人是否能够终止或解除信托。

专业解析

受托人在一般情况下没有单方面终止或解除信托文件的权利。信托文件是委托人和受托人之间的法律约定,具有法律效力和约束力。一旦信托文件成立并获得法律认可,受托人必须履行其在协议中规定的职责和义务,并按照委托人的指示管理和处理信托财产。

然而,根据特定情况下的法律规定,受托人可能有权终止或解除信托文件。以下是一些可能导致受托人终止或解除信托文件的情况。

◉ 协议条款

信托文件本身可能包含规定,允许受托人在特定条件下终止或解除信托。例如,协议可能规定在发生特定事件或满足特定条件时,受托人有权终止或解除信托。

◉ 法律规定

某些司法管辖区的法律可能规定了受托人终止或解除信托的情况。这可能涉及受托人丧失资格、违反法律规定、不当行为、违反信托目的等情况。

◉ 法院命令

在某些情况下,人民法院可能根据委托人、受益人或其他相关方的请求,作出决定终止或解除信托。这可能涉及信托目的实现或未实现、受托人的违规行为、不当管理或其他违反信托文件或法律的情况。

◉ 受托人辞任或去世

如果受托人辞任或去世,可能会导致信托文件的终止。在这种情况下,可能需要指定新的受托人或采取其他适当措施来管理信托财产。

需要强调的是,受托人终止或解除信托文件的权利应该是有限的,需要严格遵守法律和信托文件的规定。如果受托人滥用终止权利或未遵守相关法律和规定,损害委托人、受益人利益,那么可能会承担法律责任,并面临法律诉讼和索赔的风险。因此,受托人在考虑终止或解除信托文件时应谨慎行事,确保合法性和合理性,并遵循适用的法律和程序。受托人在信托文件中的权利和职责是明确规定的,一般情况下,受托人不具备单方面终止或解除信托文件的权利。信托文件是委托人和受托人之间达成的法律约定,具有法律效力和约束力。受托人应当按照协议的约定和委托人的意愿管理和处理信托财产,确保信托目的的实现和受益人的利益。

最好的做法是委托人和受托人在信托文件中明确规定终止或解除信托的条件和程序,以确保在终止或解除信托时能够合法有效地进行。在制定信托文件时,双方可以考虑以下问题。

◉ 终止或解除条件

明确规定信托终止或解除的条件,例如,特定事件的发生、达到特定日期或期限、特定条件的实现等。

◉ 终止或解除程序

确定终止或解除信托的具体程序和步骤,包括通知委托人、受益人和相关方的时间、方式和内容。

◉ 各方协商

协议中可以要求委托人、受益人和受托人在终止或解除信托时进行协商,以便就相关事项达成一致意见,并确保各方的权益得到保护。

◉ 受益人权益保护

明确规定终止或解除信托时受益人的权益保护措施，例如确保受益人在终止或解除后能够合理地获取其应有的权益。

◉ 信托财产处理

确定终止或解除信托后的信托财产处理方式，包括分配给受益人、归还给委托人等。

◉ 法律规定遵循

确保终止或解除信托的过程符合适用的法律和法规要求，以避免违反相关法律规定。

马律师专业提示

终止或解除信托是一个重要的决定，对委托人、受托人和受益人都会产生影响。因此，在制定信托文件时，建议委托人和受托人仔细考虑并详细规定终止或解除信托的相关事项，以保障各方的权益和合法权利。

信托终止流程的详细步骤

赵先生想了解，信托终止流程一般是怎样的？

专业解析

信托的终止流程通常包括以下步骤。

◉ 确认终止事件

信托的终止通常与特定的事件或条件相关联。根据信托文件的规定，委托人或受托人需要确定触发终止的事件，例如，信托期限届满、信托目的已经实现或者无法实现、信托财产已经分配完毕、信托被撤销、信托被司法机关宣告无效或解除、相关监管部门要求信托终止等。确认终止事件，以便进一步确认信托终止时点，方便后续进行信托财产的清算、分配。

◉ 通知相关方

一旦终止事件发生，受托人在知道或者应当知道之日起应该向相关方发出通知，包括委托人、受益人和其他利益相关者。通知应明确说明信托的终止事由和日期，或者根据信托文件约定启动终止流程。如果信托涉及第三方机构的合作关系，如银行、投资机构或保险公司，那么终止过程中受托人应及时通知相关方，并与他们协调相关事宜，以确保信托终止流程的顺利进行。

◉ 财产清算

在信托终止之后，受托人需要进行信托财产的清算和分配。这可能涉及将财产变现、清偿债务、支付相关费用等。具体资产处置情况，视投资标的本身而定。

◉ 财产分配

在信托财产清算后，需要按信托终止的分配计划向信托财产归属人进行分配。

◉ 合规审计

在信托终止时，可能需要进行合规审计，以确保所有的法律和监管要求得到遵守。例如对信托文件和财务记录进行审查，以确保信托操作的合法性和透明度。信托是否审计，以具体项目约定为准。

◉ 纳税和法律遵从

在信托终止时，可能需要履行相关的税务义务，包括报税和支付适当的税款。受托人还需要确保信托的终止过程符合适用的法律法规。

◉ 清算报告

受托人在信托终止后应该提交清算报告，以记录信托的终止情况和相应的操作。这有助于确保终止过程的透明度和合规性。

◉ 资料保存

受托人应妥善保管信托业务交易的完整记录、原始凭证及资料。保留这些文件有助于将来的审计和法律事务处理。

需要注意的是，信托的终止流程可能因不同信托类型和具体的信托文件规定而有所不同。因此，在信托终止之前，委托人和受托人应仔细阅读和遵守适用的法律和信托文件的规定。信托的终止并不意味着受托人的责任和义务也完全随之终止。受托人在信托终止后需要进行信托财产的处置变现、清算、分配等。也就是说，信托终止后是有一个时间段来处理相关事务的，并不是一到信托终止时点就没有其他后续义务了。一般来说，受托人发布清算报告后，如果受益人没有在一定期限内提出异议，则此时受托人免除相关责任。

马律师专业提示

终止信托是一个重要的程序，需要仔细考虑和规划。委托人和受托人应共同合作，确保终止过程顺利进行，保护受益人的权益，并符合适用的法律和法规。

信托清算环节有哪些需要注意的事项

在经历信托终止确定程序后，赵先生想知道，在信托清算环节，有哪些需要注意的事项？

专业解析

信托清算，是指在信托终止或解散时，对信托财产进行清算、分配和结算的过程。在信托清算环节中，有以下需要注意的事项。

◉ 财产评估和估值

在信托清算过程中，首先需要对信托财产进行评估和估值。这涉及各种资产的评估，包括金融资产、证券等。其中涉及非现金类资产的，需要处置变现后，根据资产评估规则进行评估。委托人和受益人应确保评估过程的准确性和公正性，以便正确确定财产价值。

◉ 债务清偿

在信托清算中，应首先清偿信托所承担的各项债务。这可能包括税费、未偿付的费用和其他相关费用。清算过程应确保按照债务的优先顺序进行清偿，以确保债务得到妥善处理。对于信托费用的清偿顺序，一般是先税费，再支付其他信托费用。

◉ 资产分配

在清偿税费、债务后，剩余的信托财产将分配给受益人。分配方式和比例应符合信托文件中的规定。受益人应按照其在信托中的权益比例享有分配的财产。分配过程应公正、透明，确保受益人的利益得到充分保护。如果有些投资标的无法短期变现，那么可能涉及二次变现，或者部分资产以非现金形式按届时财产状况进行现状分配。现状分配，也就是届时信托财产是什么形态就分配给受益人什么，比如债权、收益权、股权等，不用变现为现金再分配。在现状分配时，会涉及信托财产转让通知或协议、工商变更等。

◉ 文件记录和报告

信托清算过程中应保留清晰的文件记录和报告，包括清算记录、财产变现情况记录、税费费用支付记录、分配方案和受益人确认等。这些文件记录和报告有助于审计、法律事务处理和任何潜在纠纷的解决。

◉ 通知和沟通

在信托清算过程中，委托人、受益人和受托人之间的有效沟通和及时通知至关重要。清算进展、财产分配计划、税务处理等相关事项应及时向受益人和委托人通报，确保他们了解清算进展并能够提供必要的支持和协助。

◉ 法律遵从

在信托清算过程中，必须遵守适用的法律法规。清算程序应符合当地法律的要求，并遵循相关的法律程序。此外，如果涉及跨境清算，还需要遵守涉外法律和国际法律的规定。

◉ 安全保护

在信托清算过程中，需要采取适当的安全措施来保护信托财产的安全和完整性。这可能包括采取措施防止财产损失、保护财产文件和记录的安全、控制对财产的访问等。

◉ 其他

一旦信托清算完成，需要办理相应的登记和注销手续等。结案程序应依据当地法律和规定进行，并确保信托的正式终止。

马律师专业提示

在信托清算过程中,需要注意确保公平、透明和合法地处理财产分配、债务清偿和税务处理等事项。受托人应遵守其职责和义务,确保清算过程的顺利进行,并保护受益人的权益。委托人和受益人应保持密切的关注,确保清算过程的合规性和公正性,以确保信托财产得到妥善处理和分配。

信托终止后，财产归谁所有

赵先生想知道如果信托终止了，那么信托财产归谁所有？

专业解析

信托终止后，信托财产的处理涉及权益的转移和财产的归属。这取决于法律和信托文件的约定。

根据我国《信托法》的规定，信托终止后，信托财产的归属首先依据信托文件的规定，充分尊重信托当事人的意思自治。如果信托文件明确规定了信托财产的归属人，那么信托财产将归属于该被指定的人。这意味着信托文件在确定信托终止后的财产归属方面具有至关重要的作用。

如果信托文件没有明确规定信托财产的归属，那么就根据法律规定的一定顺序来确定归属。信托财产首先将归属于受益人或其继承人。如果受益人已经确定或者能够确定，那么信托财产将归属于受益人或其继承人。如果受益人无法确定或者不存在，那么信托财产将归属于委托人或其继承人。如果最终没有受益人，即无主，那么最后归属于国际或集体组织。建议委托人，在这种情况下，可以考虑设置一个慈善组织作为最后受益人，做一些慈善捐赠。

在信托终止且信托财产的归属确定后，法律上的权利和义务将发生相应变化。根据法律的规定，即使信托财产已经确定归属于特定的权利归属人，受托人仍然有责任继续管理信托财产，并处理与信托事务相关的事项。这意味着在信托财产转移给权利归属人之前，信托仍然视为存续，并且权利归属人在法律地位上被视为受益人。转移信托财产所需的时间可以由有关当事人协商确定，或者根据适用法律的规定进行处理。

此外，如果信托终止后，受托人需要行使请求报酬或从信托财产中获得补偿的权利，受托人可以采取留置信托财产的措施，或向信托财产的权利归属人提出请求。这一规定旨在保护受托人的合法权益，并确保有合理的保护措施和明确的责任承担人。

马律师专业提示

信托终止后,信托财产的处理方式取决于信托文件的约定和适用的法律规定。常见的处理方式包括将信托财产分配给受益人、分配给其他受益人或特定受益人、用于慈善捐赠、返还给委托人或委托人的继承人等。

信托在存续期间，可能面临哪些风险

信托存续期间可能面临各方面风险,赵先生想知道大概会存在哪些风险?

专业解析

信托是一种重要的财产规划工具,但在进行信托财产规划时,必须认识到其存在一些潜在的风险。这些风险包括法律风险、信托管理风险、投资风险、流动性风险、税务风险以及监管风险等。

◉ 法律风险

家族信托的设立和管理必须符合当地的法律法规。如果违反法律规定,可能面临合同无效、被解除、被撤销等影响信托效力的法律风险。因此,必须确保在设立家族信托时遵守相关的法律要求,以避免违法行为的风险。需要注意的是,在信托运营期间,相关法律法规可能会发生变化,可能此前的约定存在无效情况,从而对信托、受益人产生不利影响。

◉ 信托管理风险

信托的管理由受托人以及其他相关管理机构具体负责,他们的能力和诚信对家族信托的财产安全至关重要。如果受托人或服务提供方管理不善或存在违规操作,可能导致财产损失或面临诉讼风险。

◉ 投资风险

家族信托所投资的资产可能会面临市场波动和投资风险。市场的不稳定性可能导致财产价值的波动,而受托人或其他有权主体的投资决策失误也可能导致财产损失。因此,在进行投资决策时,应该谨慎评估风险,并选择合适的投资策略,以确保财产的安全增值。

◉ 家庭内部风险

家庭内部风险是指家族信托中涉及的家庭成员之间可能出现的利益分配和继承等问题。这可能引发家庭内部的纠纷和冲突,从而对信托的财产安全产生威胁。为了避免这种风险,家族成员之间应保持良好的沟通和合作,制定清晰的家族治理结构和决策机制,并确保家族信托的规划能够满足各方的利益需求。

◉ 财产流动性风险

信托的财产通常是长期投资的,可能存在流动性不足的问题。家族成员需要紧急支出或资金周转,家族信托可能无法及时提供所需资金时,可能导致家族成员面临经济困难。因此,在进行家族信托财产规划时,应该充分考虑家庭成员的短期资金需求,并确保在必要时有足够的流动性资产可供使用。

◉ 税收风险

随着国家财税政策的变化,信托所适用的税收法律法规可能会发生变化,从而可能直接或间接影响信托利益和信托财产。

◉ 操作风险

即使受托人或相关服务机构会妥善处理信托事务,但仍可能存在相关主体未能遵守相关约定,在具体业务执行操作中出现操作风险,给信托财产造成不利影响的情形。

针对这些风险,可以采取一些措施来加以应对。首先,应选择合适的受托人,确保其具备良好的声誉和专业能力。其次,需要制订详细的家族信托计划和文件,明确各方的权利和义务,以减少家庭内部纠纷的可能性。此外,还应定期审查和评估家族信托的投资组合,确保风险得到适当管理。同时,密切关注法律和政策的变化,并及时调整家族信托的策略和结构,以适应新的法律环境和经济形势。

马律师专业提示

在进行家族信托财产规划时，必须认识到风险的存在，并采取相应的措施来应对和管理这些风险。只有综合考虑风险和利益，并制定有效的风险管理策略，才能确保家族信托的财产安全和家族成员的利益。因此，委托人在进行家族信托财产规划时，可以寻求专业的法律和财务咨询，以确保能够全面评估和应对各种风险。

发生信托纠纷，怎么办

赵先生想知道，发生信托纠纷时，有什么救济措施？以及具体应该怎么办？

专业解析

信托作为一种复杂的财产安排方式，涉及多个方面的利益关系，难免会出现各种纠纷。解决信托纠纷需要综合考虑多个因素，包括纠纷的性质、各方的权益、法律法规等。下面是一些主要的解决信托纠纷的方式和注意事项。

◉ 协商解决

协商解决是解决信托纠纷的首选方式。受托人、委托人和受益人可以通过直接对话或律师等中介机构进行协商，寻找解决纠纷的共同方案。在协商过程中，各方需要充分表达各自的诉求和利益，寻求妥协和解决方案。协商解决的优点是灵活、高效，并且可以保持各方关系的良好。

◉ 仲裁解决

当各方约定采用仲裁作为争议解决方式时，如果协商无法达成一致，那么可以考虑采用仲裁解决信托纠纷。仲裁是一种非诉讼的纠纷解决方式，根据双方的申请进行裁决。仲裁的优点是专业、高效、保密性好。在选择仲裁机构时，应注意选择具有良好声誉和专业能力的机构，并遵守仲裁协议中的规定。

◉ 诉讼解决

在一些复杂的信托纠纷中，如果协商无法解决问题，且没有约定仲裁的，那么可以通过人民法院诉讼来解决。诉讼是最后的解决手段，需要受到法律程序和诉讼规则的约束。在诉讼过程中，各方需要准备充分的证据和文件。诉讼解决的优点是可以通过法律程序维护自己的权益，但诉讼过程较为复杂，时间较长。

◉ 寻求专业咨询

在解决信托纠纷时,双方可以寻求专业律师、会计师、信托专家等的帮助和咨询。他们具有专业的知识和经验,可以提供合理的解决方案和建议。专业咨询有助于各方更好地了解信托纠纷的情况,评估各种解决方案的可行性,并在法律和财务层面提供支持。换言之,专业咨询的作用在于帮助当事人更全面地了解纠纷的本质和可能的解决路径,从而作出明智的决策。

◉ 遵守信托文件和法律规定

解决信托纠纷时,各方应遵守信托文件中约定的条款和条件,并遵守适用的法律法规。信托文件通常规定了解决纠纷的方式和程序,各方应按照文件约定履行义务。同时,各方也应了解相关的法律规定,以确保自身权益得到合法保护。

◉ 监管投诉

对于信托当事人之间的信托纠纷,如果受托人为信托公司,委托人或受益人等相关主体可以申请金融监管部门介入。

在解决信托纠纷时,还需要注意以下事项。

◉ 保持沟通和合作态度

各方应保持积极的沟通和合作态度,尽量避免对立和敌对情绪的升级。通过有效的沟通和协商,有助于找到各方都能接受的解决方案。

◉ 考虑时间和成本

在选择解决纠纷的方式时,各方需要考虑时间和成本因素。不同的解决方式可能需要不同的时间和费用,需要综合考虑各种因素作出明智的决策。

◉ 考虑专业性和经验

解决复杂的信托纠纷通常需要专业的知识和经验。在选择解决方案和咨询专业人士时,应考虑其专业性和经验背景,确保能够提供有效的支持和建议。

◉ 跨境信托纠纷的特殊性

如果涉及跨境信托纠纷,需要特别注意涉及的法律体系、司法管辖区和跨国合作等问题。跨境信托纠纷可能涉及多个司法管辖区的法律和规定,需要综合考虑相关因素。

马律师专业提示

解决信托纠纷需要综合考虑多个因素,包括纠纷的性质、各方权益、法律法规等。协商、仲裁和诉讼是常见的解决途径,专业咨询和监管介入也起着重要的作用。在解决纠纷过程中,保持沟通和合作态度,并考虑时间和成本因素,有助于找到适合的解决方式。

家族治理篇

什么是家族治理

赵先生最近一直听说家族治理，他想知道家族治理具体是指什么？

专业解析

就像一个公司有企业治理一样，一个家族或家庭也有其自身运营管理的机制，在具体表现上可以很丰富，也可以很精简。家族治理是指家族内部的管理和组织结构。它涉及制定和实施规则、政策和流程，以促进家族成员之间的有效沟通、决策和合作。家族治理的目标是解决家族事务和利益的管理问题，并确保财富的传承和保护，家族的长期繁荣和可持续发展。

家族治理的重点是建立一个有效的决策机制，以确保家族的核心价值观、目标和利益得到充分考虑。以下是家族治理的一些重要方面。

◉ 家族议事会

家族议事会是家族成员的集体决策机构，负责讨论和决策与家族事务相关的重要问题。家族议事会可以由家族成员、家族企业高管和其他重要利益相关者组成。它为家族成员提供了一个平台，讨论家族发展战略、财务规划、家族企业管理等重要事项。

◉ 家族委员会

家族委员会是一个小组，负责特定的家族事务和决策领域，如财务管理、慈善捐赠、家族教育等。家族委员会的成员通常是家族中具有专业知识和经验的人员，他们为家族成员提供咨询和指导。

◉ 家族办公室

家族办公室是专门负责家族管理的机构。它提供家族成员的日常支持和服务，包括财务报告、税务规划、资产管理等。家族办公室还可以协调家族成员之间的沟通和协作，促进家族内部的合作和共识。

◉ 家族教育和继承计划

家族治理还包括家族教育和继承计划，旨在培养家族成员的管理和领导能力，传承家族价值观和企业文化。这些计划可以包括培训课程、导师制度、家族传承协议等，以确保家族的知识传承和价值观得到有效传递和保持。

◉ 家族财务规划

家族治理还涉及家族财务规划，包括财务目标设定、投资策略、风险管理和财富传承计划等。通过制订清晰的财务策略和规划，家族可以确保财富的稳健增长，并为将来的代际提供可持续的财务支持。

◉ 家族沟通和冲突解决

家族治理强调良好的沟通和冲突解决机制。家族成员之间的沟通是确保家族成员共享信息、理解家族目标和决策的关键。家族治理也关注解决冲突，促进家族成员之间的和谐和合作。

◉ 家族关系维护

家族治理强调维护良好的家族关系，建立家族成员之间的信任、尊重和合作。这可以通过家族活动、聚会和共同参与家族事务来实现。维护良好的家族关系有助于家族成员共同面对挑战，共享成功，并共同发展。

◉ 继承计划和传承规划

家族治理还涉及继承计划和传承规划，包括财富传承、企业继承和家族价值传承等。这需要制定清晰的规划和政策，确保财产的平稳过渡，维护财富和企业的可持续发展。

◉ 监督和评估

家族治理需要建立有效的监督和评估机制，以确保家族治理的有效性和适应性。这可以包括定期审查家族政策，评估家族成员的参与和满意度，并根据需要进行调整和改进。

马律师专业提示

家族治理的核心是建立一套适合家族的制度和流程,以平衡家族成员之间的权利和利益,并为家族的长期发展提供框架和指导。它可以帮助家族实现财富的传承和保护,促进家族成员之间的合作和协作,建立家族的声誉和影响力,确保家族的长期繁荣和成功。

什么是家风文化

赵先生此前就看过颜氏家训、曾国藩家训、梁启超家书等，对于家风文化有所了解，他想进一步了解什么是家风文化。

专业解析

财富，是指具有价值的东西。狭义的财富，仅指物质财富，广义上的财富包括物质财富和精神财富。对于什么事物具有价值，涉及一定主观判断，见仁见智。物质财富是有形的，可以在财务上体现经济价值，比如现金、股权、金融资产、不动产、艺术品等。精神财富一般是无形的，内容、种类上更为丰富与个性，比如理想信念、知识经验、道德信条等。

我国《民法典》规定："家庭应当树立优良家风，弘扬家庭美德，重视家庭文明建设。夫妻应当互相忠实，互相尊重，互相关爱；家庭成员应当敬老爱幼，互相帮助，维护平等、和睦、文明的婚姻家庭关系。"家风条款是一种价值引领和行为示范。《民法典》的规定正是家族精神财富的体现。常见的优良家风有节俭、低调、乐观、孝顺、拼搏、善良等。家风文化作为代代相传的特定价值观、行为准则、传统习俗和行为方式的总和，承载着一个家族的精神信仰体系和生活方式。它不仅是家族成员共同遵循的行为规范，更是家族凝聚力和身份认同的核心。

◉ 家风文化的内涵和重要性

• 价值观和原则的传承

家风文化以一系列共同的价值观和原则为基石，如诚信、尊重、孝道、责任感和勤俭节约等。这些价值观指导着家族成员的行为和决策，传承着家族的道德准则和生活方式。

• 行为准则和规范的塑造

家风文化还包括一套行为准则和规范，以规范家族成员在日常生活中的行为举止。这些准则和规范涵盖了家庭关系、社交礼仪、教育和职业道德等方面，有助于建立家族成员的良好品德和行为习惯。

- **传统习俗和庆典活动的传承**

家风文化与特定的传统习俗和庆典活动密切相关。这些习俗和活动可以是家族的传统节日庆祝、祖先崇拜、家族聚会、传统技艺传承等，旨在加强家族成员之间的联系和凝聚力。

- **口耳相传和教育方式的传承**

家风文化的传承通常通过口耳相传和家族教育进行。家族长辈通过故事、谚语、经验分享等方式向后代传递家族的价值观和行为准则。同时，家族教育也是传承家风文化的重要手段，通过教育机构和家庭教育传授家族的文化、传统和行为准则。

- **家族身份认同和凝聚力**

家风文化对于家族成员的身份认同和凝聚力具有重要影响。通过遵循家族的行为准则和传统习俗，家族成员建立起强烈的归属感和认同感，形成紧密的家族群体，共同追求家族的发展和繁荣。

- **价值传承和人格塑造**

家风文化承载着家族的核心价值观和信仰体系，通过代代相传的方式将这些价值观传递给后代。这有助于塑造家族成员的人格和品格，培养正直、负责、尊重他人的行为习惯，使他们成为社会的有益成员。

◉ 传承与弘扬家风文化的方法和策略

- **价值观传承**

家族长辈应当积极传承家族的核心价值观，以身作则，成为家族价值观的榜样。通过言传身教的方式，向后代传递家族的价值观和道德准则，引导他们树立正确的人生观和价值观。

- **教育和培养**

注重家庭教育和家族教育，传授家族的文化、传统和行为准则。通过课程设置、讲座、培训等方式，让家族成员了解家族历史、祖先故事、传统习俗等内容，培养家族的归属感和认同感。

- **传统习俗的继承**

重视传统习俗的传承和弘扬，举办家族聚会、庆祝传统节日、开展祖先崇拜等活动，加强家族成员之间的联系和凝聚力。通过参与传统习俗，让家族成员体验和感受家族的传统文化。

- **家族组织和机构**

建立家族组织或家族基金会等机构，专门负责家族文化的传承和管理。提供培训课程、研讨会、家族历史档案管理等服务，促进家族成员之间的交流和合作。

- **文化活动和项目**

组织家族文化展览、传统技艺传承、慈善公益活动等文化活动和项目，吸引家族成员的参与和关注，传递家族文化的价值和精神。

- **培养领导人和传承者**

家族应重视培养家族的领导人和传承者，由他们负责继承和传承家族的文化和价值观。通过指导、培训和传帮带的方式，培养后代的领导能力和责任感，确保家族的文化传承能够持续下去。

- **开放性和创新性**

在传承和弘扬家族文化的过程中，要鼓励家族成员保持开放的心态，接纳多样性和新观念。同时，注重创新和适应变化，使家族文化保持活力和与时俱进。

- **建立社交网络和支持系统**

家族可以建立社交网络和支持系统，为家族成员提供交流、分享和互助的平台。通过组织家族成员之间的定期聚会、建立在线社交平台或家族网站等方式，加强家族成员之间的联系和互动。

- **建立合作伙伴关系**

与其他家族或相关组织建立合作伙伴关系，共同推动家族文化的传承和弘扬。通过交流经验、分享资源和合作项目，互相学习和借鉴，提高家族文化传承的质量和效果。

- **制定行动计划和目标**

制定明确的行动计划和目标，以实现家族文化传承的目标。通过明确家族文化的核心要素和关键行动，制定时间表和具体的执行计划，确保传承工作有条不紊地进行。

- **重视反馈和评估**

定期收集家族成员的反馈意见，评估家族文化传承的效果和影响。通过家族调查、个别访谈或家族大会等形式，了解家族成员对于家族文化传承的意见和建议，根据评估结果进行调整和改进。

马律师专业提示

传承和弘扬家风文化是家族永续发展的重要保障,也是每个家族成员的责任和使命。通过重视价值观传承、教育和培养、传统习俗的继承、家族组织和机构的建立,以及开放性、创新性和多样性的理念等方法和策略,可以实现家族文化的传承和弘扬。这将为家族带来凝聚力、身份认同和家族价值的传承,让家族在变革中不断发展壮大。

家族信托和家族办公室的关系

家族信托和家族办公室这几年很热，讨论的人也很多。对这两个概念，赵先生有些疑惑，他想知道家族信托和家族办公室是否是一回事儿，二者有什么联系？

专业解析

家族信托和家族办公室是家族治理结构中的两个重要组成部分，它们在财富管理和传承方面发挥着不同的作用。家族办公室像一个家族大管家，有关家族的事务都可以纳入其中；家族信托是财富管理、传承的重要工具。鉴于家族信托在家族治理中的强大作用，有时会将家族信托认为是家族办公室，其实二者的侧重点还是不同的。

家族信托是一种法律架构，用于管理和保护家族财产。它由委托人设立，受托人负责管理和运作信托财产，受益人享有信托财产的收益或权益。家族信托的设立可以有多种目的，包括财富保护、财富传承、税务优化和家族成员福利等。

家族信托的主要功能是为家族成员提供财富管理和保护，确保财产的长期稳定和可持续发展。通过将财产置于信托中，家族成员可以在信托设定的规则下享受财产的利益，同时信托财产也受到法律保护，且不易受到家族成员个人债务或纠纷的影响。

家族办公室是提供全面财富管理的机构。目的是实现财富保值增值、财产保全和传承，其中财富包括物质财富和精神财富两个方面。对于服务对象，可以进一步将其细分为家族、家族成员个人、家族企业。家族办公室是一种专门管理和协调家族事务的机构。它是家族治理结构的一部分，负责协调家族成员之间的沟通、决策和行动，以实现财富的有效管理和传承。家族办公室通常由专业的团队管理，包括家族成员、家族顾问和专业管理人员。

◉ 家族办公室的功能

家族办公室的功能虽然没有统一规定，但通常认为包括以下几个方面：

• **资产隔离及保护**

只有被保全的财产才可能被安全传承。利用家族信托工具解决个人资产与企业资产混同,企业风险传导到家族资产的问题;利用家族信托工具解决家族成员因婚姻变动、继承等对企业和家族资产造成影响的问题。

• **财富管理及传承**

用机构行为保障传承稳定性;根据家族实际情况量身定制财富规划,实现专业投资,解决因无专业管理造成的投资效率低下,家族投资与目标不一致的情况。

• **家族目标管理**

就像企业有目标管理一样,每个人、每个家庭也都有自身的价值排序和目标管理。家族目标管理主要是解决由于缺乏家族发展的中长期目标而造成的投资非理性、大类资产配置不合理、财富与社会形象不匹配等问题。其在具体目标方面分为财务目标和非财务目标。

• **家族治理**

解决因家族成员众多、关系不易协调、成员利益不一致而产生的家族纠纷问题;协助家族权益重构,实现家族管理权、控制权、收益权的和谐与统一。

• **家族企业投行服务**

这包括家族基金、投融资管理等。

• **家族社会形象管理**

解决家族形象缺失问题,树立家族品牌,提升家族的凝聚力和认同感。

◉ 家族办公室的分类

家族办公室从不同维度有不同分类。以服务客户数量为维度,主要有单一家族办公室(Single Family Office)和联合家族办公室(Multi Family Office)两种。单一家族办公室在全球有10000余家,其服务对象为资产净值在1亿美元以上的家族。在国内,单一家族办公室的门槛较国际惯例而言适度放宽,一般要求客户家族资产净值达到3亿~5亿元人民币。相对单一家族办公室,联合家族办公室对资产规模的要求也相应降低。专业机构Family Wealth Alliance为这种联合家族办公室设定了标准,即财富在100万~1500万美元的家族,可以考虑雇用联合家族办公室。联合家族办公室通常服务5~7个家族。

以家办服务事项多少和外(内)包程度,家族办公室分为三种类型:精简型、混合型和全能型。

• **精简型**

精简型家族办公室主要承担家族记账、税务以及行政管理等事务，直接雇员很少，投资及咨询职能主要外包。

• **混合型**

混合型家族办公室自行承担设立家族战略性职能，并将非战略性职能外包，外包职能与家族偏好及特征密切相关。

• **全能型**

全能型家族办公室覆盖围绕家族需求展开的大部分职能，以确保家族实现最大限度的控制、安全和隐私。全部职能都由全职雇员承担，包括投资、风险管理、法律、税务、家族治理、家族教育、传承规划、慈善管理、艺术品收藏、安保管理、娱乐旅行、全球物业管理、管家服务等。

因为家族办公室是专属为家族服务的，具有专属性和私密性，承担费用成本，所以对各领域员工专业度要求较高，包括金融、法律、财务、税务、投资等各类专业人士。当然因为每个家族各具特点，所以家族办公室个性化较强，比如有些主要做投资理财，有些主要做慈善，有些主要处理家族事务等。

我国国内家族办公室的发展，有些是金融机构内设部门，有些是独立家族办公室，有些是无独立组织而仅是一个团队，也不一定被称为家族办公室。

◉ 家族信托和家族办公室的关系

家族信托和家族办公室之间存在着密切的关系和相互作用。它们之间的关系可以从以下几方面来理解。

• **目标一致性**

家族信托和家族办公室的目标一致，都是为了实现财富的管理、保护和传承。家族信托通过设立信托结构，为家族成员提供财富保护和利益分配，家族办公室则负责协调和执行这些信托的规定，确保信托的顺利运作。

• **协同合作**

家族信托和家族办公室在日常运作中需要密切合作。家族办公室作为家族事务的中心，负责与受托人进行沟通和协调，确保信托财产的有效管理和运作。家族办公室需要了解信托的具体要求和规定，以便有效地协助受托人履行职责。

• **监督和控制**

家族办公室在家族信托中扮演着监督和控制的角色。它可以负责监督受托人的行为和管理信托财产的情况，确保受托人按照委托人的意愿和信托文件的规定进行操作。它还可以定期审查信托的运作情况，与受托人进行沟通，并采取必要的措施确保信托的合规性和有效性。具体以家族信托方案为准。

- **继承规划和传承**

家族办公室在家族信托中发挥着重要的作用，特别是在继承规划和传承方面。它可以协助家族成员制定继承计划，确保财产的顺利过渡，并提供专业的建议和指导。它还可以与家族信托合作，确保财产按照委托人的意愿分配给受益人，并协调家族成员之间的利益关系。

马律师专业提示

家族信托和家族办公室是家族治理结构中的关键组成部分，共同为家族成员提供财富管理、保护和传承的支持。通过密切的协作和合作，它们可以确保财富的长期稳定和可持续发展，并促进家族内部的和谐与凝聚力。其中，家族信托作为财富的管理工具，通过设立信托结构，为家族成员提供了财富保护、传承和利益分配的机制。而家族办公室作为家族事务的中心，负责协调和执行家族的战略规划、财务管理、继承规划以及家族文化和价值观的传承。

如何用家族信托进行慈善安排

赵先生一直想做慈善，因为慈善不仅有助于改善社会，还能够传递家族的价值观和精神。他希望通过信托来实现他的慈善愿景。

专业解析

慈善捐赠不仅体现了委托人的社会责任，也有利于对子孙后代的精神传承教育。对于委托人的慈善需求，除设立慈善信托或其他公益信托外，在私益家族信托中也可以体现部分慈善需求。使用家族信托进行慈善安排，可以实现长期的慈善目标，并为家族成员提供一种有意义的参与慈善事业的方式。下面是一些关键的步骤和注意事项，以便有效地利用家族信托进行慈善安排。

◉ 制定慈善目标

家族需要共同确定慈善目标和价值观。这可以涵盖慈善事业的领域、具体的慈善项目、资助的对象等。家族成员可以参与讨论，并就共同的慈善使命达成共识。

◉ 选择信托类型

根据家族的具体情况和慈善目标，选择适合的信托类型。常见的慈善信托类型包括慈善先行信托、慈善剩余信托、慈善子信托等。不同的信托类型有不同的具体要求。

◉ 设立信托并制定规则

委托人和受托人之间制定和签署家族信托文件，其中需明确信托的目的、受益人资格、信托资产的管理和分配规则等。另外，还应确保信托文件中包含详细的慈善分配计划，并规定受益人如何参与慈善决策。

◉ 确定慈善受益人

家族信托的慈善受益人可以是慈善机构、慈善组织、慈善信托等。家族成员可以参与决定慈善受益人的选择，并与受托人合作确保资金按照既定计划进行慈善分配。

◉ 设立慈善委员会

为了加强家族成员对慈善事业的参与和决策，可以设立家族慈善委员会。该委员会由家族成员组成，负责评估和选择慈善项目、监督慈善分配等。通过家族慈善委员会，可以实现家族成员的互动和共同参与慈善决策。

◉ 定期评估和审查

定期评估家族信托的慈善目标和效果，确保其与家族价值观和目标的一致性，并及时进行调整和修改以适应慈善需求的变化。

◉ 寻求专业指导

家族在设立和管理慈善信托过程中可以寻求专业的法律、财务和慈善顾问的指导。他们可以提供专业的建议，帮助家族理解慈善信托的法律和税务要求，并确保家族的慈善计划合规有效。

◉ 公开透明与社会影响力

家族信托作为慈善工具，应该秉持公开透明和承担社会责任的原则。家族成员应该定期向受益人、慈善机构和利益相关方公开信托的慈善活动和分配情况，建立良好的声誉和社会影响力。

◉ 监督与报告机制

为确保慈善信托的资金使用和慈善活动的实施符合要求，家族信托应建立监督和报告机制。受托人应定期向委托人和家族成员提供慈善活动的报告，包括资金使用情况、项目进展等，以确保慈善资金的有效利用和目标实现。

◉ 慈善意识和教育

家族信托的成功与家族成员的慈善意识和教育密切相关。家族应该鼓励家族成员参与慈善活动，提高他们对慈善事业的认识和理解，并培养他们的慈善责任感和行动力。

马律师专业提示

使用家族信托进行慈善安排可以实现家族的慈善目标，并为家族成员提供参与慈善事业的平台。其中，关键是确保设立合适的信托结构，明确慈善目标和规则，并充分发挥家族成员的参与和监督作用。通过有效的慈善安排，家族信托可以为社会作出积极贡献，传承家族的价值观和慈善精神。

经验分享篇

规划信托方案的心法

对于信托方案的规划，赵先生想知道有哪些需要注意的事项，或者相关建议。

专业解析

信托作为一种财富管理和传承的工具，在家族财产管理中扮演着重要的角色。它能够帮助家族实现资产保护、长期财富规划、家族价值传承的目标。然而，在设计和实施家族信托方案时，需要考虑到诸多因素。建议考虑以下事项。

◉ 信托方案设计的关键要点

- **合法合规性**

在设计家族信托方案时，首先要确保合规性。合规性涵盖了合法性、合规性和合理性三个层面。需要遵守相关法律法规，确保信托方案的合法性；同时，还要遵循道德和伦理准则，确保信托方案的合规性。

- **家族目标和价值观**

在设计家族信托方案时，明确家族的长期目标和核心价值观至关重要。这将确保信托方案与家族的核心价值观和愿景一致，从而建立一个有意义且符合家族需求的信托方案。

- **受托人的选择**

选择合适的受托人是家族信托方案设计中的重要环节。受托人应具备专业能力和可靠性。他们应该具备独立管理信托财产的能力，并按照信托文件的规定履行职责，以确保信托财产的安全和合理运作。

- **受益人的权益保护**

确保受益人的权益得到充分保护是家族信托方案设计的重要考虑因素。可以通过设立受益人保护条款、信托保护人监督机制等方式实现。另外，受益人需要了解自己的权益，并接受相关教育和准备，以能够有效地管理和保护信托财产。

• **财产规划和财产管理**

进行全面的财产规划和财产管理是家族信托方案设计的重要内容。这包括对家族财产的评估、风险管理、资产配置等方面的考虑。通过综合考虑家族的财务目标、风险承受能力和资产分散度，可以最大限度地保护和增加财富，并确保信托财产的长期稳定增值。

• **继任规划和过渡管理**

制定明确的继任规划对于信托方案的顺利过渡和财富的长远管理至关重要。这包括受托人和家族成员的继任安排。通过提前规划和培养继任者，可以确保信托财产的顺利过渡，并保证财富的长久传承。

• **家族成员参与和沟通**

鼓励家族成员的积极参与和有效沟通是家族信托方案设计中的重要因素。建立良好的家族成员之间的关系和信任，定期召开家族会议以分享家族财务信息、促进家族成员之间的合作和共享经验，可以增强家族的凝聚力和团队合作精神。

• **考虑家族成员的个人需求和目标**

了解家族成员的个人需求和目标，并在信托方案设计中进行平衡，是信托实施成功的关键。家族信托方案既要能够满足家族整体的长期目标，又要照顾到个人的利益和发展，平衡的安排有助于信托的长期稳定。

• **冲突解决机制**

建立有效的冲突解决机制，处理家族成员之间的纠纷和矛盾是家族信托方案设计的重要环节。这可以包括设立家族协议、明确决策流程和权责以及寻求独立的仲裁或调解等方式。有效的冲突解决机制能够确保家族信托方案的顺利实施，并维护家族成员之间的良好关系和家族的凝聚力。

◉ 信托方案设计的常用心法

财富管理是个系统性工程，且因具体家族的不同而极具定制化和个性化。财富管理按阶段可以分为创富、守富、传富、享富四大阶段，不同阶段的目标和特征有所不同。在此介绍三个财富管理常用理论：

• **周期性**

每一事物自身普遍存在周期性，基本上分为形成期、成长期、成熟期、衰退期四个大阶段。具体到财富管理中，因所涉主体不同，主要有家族成员个人生命周期、家庭生命周期和家族企业生命周期。主体不同，所处周期不同，整体呈现动态变化和相对复杂的状态。

经典的家庭生命六周期理论以夫妻为中心,包括形成、扩展、稳定、收缩、空巢、解体六个阶段,分别对应结婚、第一个孩子的出生、最后一个孩子的出生、第一个孩子离开父母亲、最后一个孩子离开父母亲、配偶一方死亡这六个重要事件。家族企业生命周期一般包括企业发展、成长、成熟、衰退阶段。

周期性把时间因素考虑进来,关注到动态变化。在多主体、多周期、多阶段的情况下,各方的权责利也在动态变化,并非完全静态的。在财富管理过程中需要平衡各方关系、定期检测、复盘、调整。在变动中,总有些关键节点更重要,即可能涉及法律关系的变动或者周期拐点的,需要特别加以注意。比较常见的有婚姻、继承、收养、监护、国籍、税居、法定代表人、董监高、股东、举债、担保、赠与、代持、投资、上市等。这些关键节点的变动涉及相应风险,且有时是交叉叠加出现的。

- **风险管理**

在财富管理过程中贯彻始终的是风险管理,可以说,财富管理的核心就是风险管理。风险就是不确定性,从一定程度上说,风险管理也是预期管理。

风险分为可避免风险和不可避免风险,可接受风险和不可接受风险。其中,不可避免风险就是一些无法预测和预防的风险,我们经常说的不知道明天和意外哪个先到,以及意外、死亡等都属于不可避免风险。不可避免风险有时更多是系统性风险、普遍性风险,不受个人所影响和控制。

针对不同风险,在评估风险要素、风险发生概率、风险损失后果等方面后,就可以有针对性地运用定性、定量思维设计风险管理方案。常见的风险管理策略有风险转移、风险规避、风险降低和风险接受四种。具体来说,风险转移是指通过手段将风险全部或部分转移至第三方,保险就是一种常见的风险转移工具。风险规避是指回避风险因素,避免成为风险的所有人。风险降低是指利用各种措施将风险降低到可接受的水平,比如企业合规经营、签署婚姻财产协议等。风险接受是指不采取任何行动,维持风险水平。不同人风险偏好不同,采取的风险管理策略也不尽相同。若某人没有需要担忧、关爱的人或事,则可能并不会产生财富管理的需求,也不会采取风险管理措施。

- **系统性**

在财富管理过程中,需要考虑系统性、客观性、合理性、可行性、动态性等多种原则,其中系统性是首先需要考虑的。常见的财富管理工具有法律、金融、财务等,具体包括赠与、遗嘱、财产协议、保险、信托、基金、慈善、公证、家族办公室等。每种工具各有特色，可以说没有一种工具是万能的，实务中需要综合运用各种工具，以实现预定目标。

例如，从风险对象划分，有人身风险和财产风险两种，通常认为人身风险是比财产风险更为重要的。从法律风险和法律责任承担上划分，有刑事风险、行政风险、民事风险。很多人容易忽略各风险的相互独立性，往往缺乏整体系统性认识，例如婚姻不仅涉及人身，更事关财产。在家族企业经营早期，创新一定程度上意味着突破规则与法律底线；近年来，潜在刑事合规风险愈加受到公众关注。在某餐饮公司创始人蔡某某与潘某某夫妇婚变争股权案例中，蔡某某因涉嫌经济犯罪被捕，2013 年 12 月 12 日广州市天河区人民法院认定蔡某某职务侵占和挪用资金两项罪名成立，判处有期徒刑 14 年。

再如，按重要、紧急划分，可以将事物分为重要且紧急、重要不紧急、不重要但紧急、不重要不紧急四个象限。这样的分类有利于对事项进行相对完整的评估，并发现其中存在的问题。值得注意的是，对重要、紧急的认知存在一定主观判断，需要因时因地因人而定。

马律师专业提示

财富管理与每个人都息息相关，其本身是个长期性、个性化的系统工程。在具体规划方案中，需要平衡各方、明确目标、权衡取舍、动态调整，可能没有所谓完美的最好方案，只有适合且可执行的方案。设计和实施家族信托方案需要综合考虑多个因素，这些因素相互关联，共同构成了一个完整的家族信托方案。

财富管理常见家庭风险大全

赵先生听信托客户经理毛经理讲了婚姻风险、继承风险等风险，他想相对系统性了解财富管理过程中都可能有哪些常见风险。

专业解析

对于赵先生的问题，下文将带领他全面识别财富管理中的常见风险，以便他有一个全面系统的认识。

风险既有个性也有共性。在个性层面，每一个体或家庭实际情况千差万别，风险因素、风险发生概率、风险影响程度也不尽相同。在共性层面，通过观察和总结个性风险，可以总结出共同特征。风险大类上可以分为人身和财产两个方面，也就是“人”和“钱”两个方面，这基本上可以覆盖绝大部分风险因素。

◉ 人身方面

• 生命

当前生命科学尚无法实现人类永生，人总有寿命终结的一天。对于生命，死亡的终点是确定的，而具体死亡时点是不确定的。生命的有限性，让我们更加珍惜生命。对于生命而言，存在早逝和长寿两种风险。

❖ 早逝

按照《老年人权益保障法》的规定，老年人是指 60 周岁以上的公民。

早逝不仅让家人痛失所爱，情感遭受伤痛，同时也可能带来经济损失，尤其是作为家庭经济支柱一方的意外离世。如何安顿好关爱的家人或事务，解决后顾之忧，是在家庭财富管理过程中需要考虑的一项风险因素。

❖ 长寿

我国《“十四五”公共服务规划》显示，2019 年我国人均预期寿命达到 77.3 岁；预计到 2025 年，人均预期寿命为 78.3 岁。

随着生活水平和医疗技术的提高，人们的寿命也越来越长。长寿是福报，但也有风险，就像赵本山在小品中所说“人这一生最最痛苦的事情你知道是什么吗？人活着，钱没了”。这句话听着是玩笑，实则道出了长寿的风险。简单来说，长寿风险就是实际寿命高于预期寿命产生的风险。经济环境、医疗支出、突发事件等各种因素都会影响收入水平，进而影响生活水平、消费水平。即使养老阶段有充足物质保障，若此时疾病缠身、失能失智、无法自主行动，也难以有高质量的生活。

- **健康**

生命和健康是人生的基础，有个比喻很贴切，“健康是 1，金钱、地位、房子、车子这些都是 0，1 没有了，0 再多也没有用。”虽然每个人的价值选择未必相同，存在为了其他事务牺牲健康的情况，不过健康对每个人的重要性是不言而喻的。可以说，健康是人生的第一财富。

传统的健康观是“无病即健康”，现代人的健康观是整体健康，如世界卫生组织提出“健康不仅是躯体没有疾病，还要具备心理健康、社会适应良好和有道德”。不过，要保证高质量的健康生活状态，实属不易。

- **意外**

意外是我们意料之外、料想不到的事件。常见的意外事件有交通事故、飞机失事、溺水、火灾、水灾、中毒、触电等。意外有时危害性不大，有时则可能造成财物损失，甚至是人身伤亡。

我们总以为意外离自己很远，其实意外每天都在发生，而且发生概率还不低。根据中国保险业意外伤害经验发生率表（2021 年），按照分年龄分性别个人普通意外身故发生率表（0～105）显示，40 岁时男性为 3. 5743/1000 人，女性为 1. 0936/1000 人；60 岁时男性为 9. 0646/1000 人，女性为 3. 6707/1000 人；85 岁时男性为 47. 7025/1000 人，女性为 39. 7241/1000 人。总体来看，各年龄男性个人普通意外身故发生率均高于女性。

按照分年龄段分性别个人普通意外伤残系数表（0～105）显示，男性前五的分别为 40～49 岁系数 39%、30～39 岁系数 38%、50～59 岁系数 34%、20～29 岁系数 29%、60～69 岁系数 20%。女性前五的分别为 40～49 岁系数 51%、50～59 岁系数 48%、30～39 岁系数 46%、20～29 岁系数 29%、60～69 岁系数 27%。总体来看，20～69 岁不论男女发生普通意外伤残系数均超过 20%。

- **收养**

收养，是指领养他人子女为自己子女的一种行为，使原来没有父母子女关系的人们之间产生法律拟制的父母子女关系。也就是说，收养关系成立之后，法律上养父母与养子女间的权利义务关系等同于父母子女关系。

收养行为关系当事人特定身份关系的建立和解除,身份发生变化,各方权责利和适用规则也同步调整,例如监护、抚养、赡养、继承等。我国《民法典》规定,收养关系的成立和协议解除,均应到民政部门办理登记,收养关系自登记之日起成立。实务中,可能存在不符合收养条件、未办理收养登记、因解除收养关系产生纠纷等情形。比如,因收养关系未成立,法律上不认可各方之间的父母子女关系,在投保时因双方无保险利益会被拒,而且事实养子女非法定继承人,也存在无法顺利继承事实养父母财产的风险。

- **监护**

监护是指对无民事行为能力人和限制民事行为能力人的人身、财产及其他合法民事权益,进行监督和保护的一项法律制度。我国监护制度分为对未成年人的监护和对无民事行为能力或限制民事行为能力成年人的监护两种情况。所谓行为能力,是指能够以自己的行为依法行使权利和承担义务的能力。设定监护人主要有法定和意定两种方式,其中意定是根据自己意愿协商确定监护人,体现自身意愿,更具灵活性。

人生无常,不论是衰老到无行为能力,还是遭遇意外,当我们没有行为能力,不能表达自己意愿时,监护人的设定就是你信任谁、愿意让谁替你做决定呢?

无人可托、所托非人都是监护中的常见风险。例如,有的子女为了争产,争做老人监护人,但在成为监护人之后又侵害老人权益。又如,有的夫妻年龄差较大,子女未成年,高龄一方担心过世后,由于配偶作为子女的法定监护人,留给子女的遗产实际由配偶把控,未实际体现其意愿,并损害子女利益;抑或高龄一方担心自己百年之后配偶再婚,存在个人财富外流的风险。

- **移民和税收居民**

《辞海》对移民的解释是迁往国外某一地区永久定居的人。移民不一定代表国籍转变。移民有两种方式:一种是取得外国永久居留权,但本国国籍不变;另一种是加入外国国籍。国籍,是指一个人属于某一个国家的国民或公民的法律资格,是国家行使属人管辖权和外交保护权的法律依据。不过需要注意的是,国籍不完全等同于税收居民,某人是否为一国的税收居民,是根据税法而不是国籍判断的。

前文已经讲过移民前未作专门身份规划、税务规划、资产规划的,导致后续在税务成本、婚姻、继承等方面存在风险或障碍,甚至为家庭财产的管理与传承埋下隐患。我国法律不承认双重国籍,拥有双重国籍的高净值群体常常误判自己的"税籍”，导致一国收入漏报或多报，进而留下民事、行政风险隐患。

- **担任公司董事、监事、高级管理人员**

2021 年康美药业案例中，部分董事、监事、高级管理人员被判令在一定比例范围内对投资者损失承担连带赔偿责任，由此引发了社会各界对董监高义务、责任与风险话题的高度关注。公司法定代表人、董事、监事均在工商登记上公示，相对好认定。按照《中华人民共和国公司法》（以下简称《公司法》）规定，高级管理人员，是指公司的经理、副经理、财务负责人，上市公司董事会秘书和公司章程规定的其他人员。

董监高履职中的法律责任风险主要有民事责任风险、行政责任风险和刑事责任风险。

民事责任风险。主要是指董监高未履行忠实和勤勉义务，侵害了公司、债权人利益，可能需要承担相应的民事责任。如董事、高级管理人员违反《公司法》相关规定所得的收入应当归公司所有；董事、监事、高级管理人员未履行对公司股东出资的监督义务的，应承担连带赔偿责任；因过错或者违反法律规定，给公司造成损失的，应承担赔偿责任；在公司破产、清算过程中，董事、监事、高级管理人员未尽到忠实勤勉义务的，应承担责任；等等。

行政责任风险。如存在法律规定的违法行为时，公司董事、监事、高级管理人员被认定为“直接负责的主管人员和其他直接责任人员”，则可能面临相应的行政处罚，包括罚款、吊销资格证书等。

刑事责任风险。近年来刑事合规责任备受关注。对于董事、监事、高级管理人员而言，重要的是经济类犯罪，例如背信损害上市公司利益罪、非法经营同类营业罪，刑罚种类上有拘役、有期徒刑、罚金等。若单位发生刑事犯罪风险时，董事、监事、高级管理人员被认定为“直接负责的主管人员和其他直接责任人员”，则董事、监事、高级管理人员可能面临作为直接责任人员而同样受到刑事处罚的风险。

- **担任公司法定代表人**

担任公司法定代表人同董事、监事、高级管理人员一样存在民事责任风险、行政责任风险、刑事责任风险。只是在具体情形上有所不同，在此不再详细展开。

针对法定代表人还有一个常见的风险，也是平时关注度较高的，即被采取强制措施。具体来说，就是公司法定代表人存在因公司诉讼、公司欠缴税款等原因，被采取限制出境以及限制消费等强制措施的风险。此外，进入破产程序后，法定代表人的人身自由会受到限制，未经人民法院许可，不得随意离开住所地。应当认识到,限制消费这项强制措施,对个人影响很大,尤其有些人仅是名义法定代表人,并不实际参加公司经营管理。因此,谁来担任法定代表人也需要综合考虑,特定身份有特定的权责利,当权责利不匹配时,也就埋下了风险隐患。

• **家族文化**

文化本身是无形的,却潜移默化地影响着人们的行为,使人向内追求意义,获取动力。文化并非虚无的,是有真实力量的。家族文化可以约束成员行为规范、提升个人品德、增强家族凝聚力、提高成员归属感,可以说是一个家族群体意识的集中体现。

家族理念、家族信条、家风家训等家族文化的总结、提炼,体现了家族祖祖辈辈的人生智慧,以及对子孙后代的期冀。家族文化通过显性与隐性等各种途径,以及家族成员的学习、积淀、内化,作用到生理、心理、物质、精神各个层面,为家族成员和家族整体提供可持续发展的原动力和支持力。

家族声誉、家族信用等都与文化教育和传承相关。优良的家族文化会帮助家族实现百年传承。缺乏家族文化教育的,子孙后代可能会出现败家、挥霍,甚至走上违法犯罪道路的。

人身风险是跟“人”密切相关的,包括人的生命、健康等,也包括基于特定身份引发的风险。特定身份的确立或变化,会引起法律关系、财产权属状态的变化。另外需要注意的是,有时各种风险往往不是独立出现的,很可能相互交织、互相影响。

◉ 财产方面

财产风险按照风险来源,可以分为外部风险和内部风险。外部风险主要包括社会政治、经济、政策等大环境因素,不受我们自身干预影响。内部风险主要基于个体选择,例如婚姻、举债、担保、投资等。

• **外部风险**

国内外政治、经济、政策形势等,都会直接或间接影响我们作为个体的选择。面对错综复杂、充满变数的外部环境,求之于势,顺势而为,将更容易抓住机遇。反之,则会影响财富积累,甚至发生亏损。

❖ 经济风险

经济环境的变化,给一些企业或个人带来超出预期的损失或收益。受金融、财政还有产业环境变化影响,比如“双碳”使企业面临着迫切的转型升级压力,部分企业经营风险增大,需要寻找新的业务方向。对于个人来说,如果经济增速放缓,那么个人往往会担心实际购买力会不会开始下降。

❖ 政治风险

稳定的社会政治环境是经济正常发展的基本保障。如果一个国家的政局发生很大变化,例如战乱、政府更迭、政局动荡等,那么会影响社会生活的方方面面。

❖ 政策风险

国家或各地政府根据宏观环境的变化而进行的政策调整,将影响企业和个人的经济利益。比如,房地产调控政策、教育政策、金融监管政策、税收政策等。

此外,除经济、政治、政策这些常见风险外,外部风险还有法律风险、自然环境风险、信息系统管理风险等。

- **内部风险**

❖ 婚姻风险

婚姻不仅涉及身份关系的变化,更与财产密切相关。可以说婚姻法实际上是财产法。婚姻风险主要体现在婚前婚后财产混同、离婚财产分割、非婚生子女等方面。在主体方面,又存在晚辈、自身、长辈结婚、离婚、再婚等各种情形。婚前、婚内各时点的风险侧重点也不尽相同。

❖ 继承风险

人们有时因不了解法律规定和操作细节,而引起纠纷,无法实现预期效果,或者需要花费额外大量时间精力去处理。例如,早几年受到社会广泛关注的独生子女继承案例,就揭示了从法律上看父母的财产并不必然 100%就是子女的,让很多人意识到了订立遗嘱的重要性。

继承方面常见问题或风险主要包括:没有财产清单,不好查找遗产;没有订立遗嘱,继承人产生继承纠纷;订立了遗嘱,但继承人因遗嘱效力产生纠纷;财产被分散,尤其是股权,丧失对企业的控制权;财产分给了不想给的人,想给的人又没得到财产照顾;后代取得财产后挥霍无度败家,很难控制财产去向;等等。

❖ 投资风险

投资风险就是未来投资收益的不确定性,投资有赚有亏,亏损的可能是收益也可能是本金。比如,投资股票被套牢了;投资金融理财产品,产品到期未还本付息;投资房地产,房价下跌;创业投资实业,因为赛道选择或其他各种因素,创业失败;公司好不容易上市,但破产,市值蒸发不少;等等。投资属于开源方式,“不进则退”,投资风险直接影响财富的保值增值。

❖ 债务风险

在借款时,借款主体、融资渠道不同,利率、还款方式、信用影响程度、放款主体采用的催收手段也不尽相同。各类融资渠道如何选择,个人债务还是夫妻共同债务也都是需要注意的。借款时如果没有合理评估自身还款能力、现金流安排,就容易引发负债风险,进而影响个人和家庭的正常生活或企业的运营。例如,通过借新还旧"续命"的,一旦无新增融资,资金流就断了。实务中,还有一些消费陷阱,让有些人没有意识到借款行为的存在。

❖ 担保风险

担保风险属于一种或有风险,是指在债务人无法还款情形下,再触发担保人的责任。担保又分为物保、人保。物保包括房产抵押、车辆抵押、公司股权质押等,人保则是依靠人的信用为他人提供保证。保证又分为一般保证担保和连带责任保证担保。实务中,为亲朋好友的贷款作保,或者企业主为了企业对外融资提供个人连带责任保证担保的情形比较多。同负债风险一样,担保风险也涉及没有担保能力,履行担保责任影响个人或家庭生活等情况。

❖ 赠与风险

赠与是一种财产处分方式,是指赠与人将自己的财产无偿给受赠人,受赠人表示接受的一种行为。常见问题或风险主要包括赠与财产后赠与人反悔、赠与人失去对财产的控制权、子女受赠后因婚变或其他原因财产遭受损失、子女受赠后丧失努力动力等。赠与过程中有很多注意事项,比如如何选择合适的受赠人、以什么形式赠与、是否签署赠与协议、什么时间赠与最合适、是否办理了财产过户、是否办理公证、是否附义务赠与等。

❖ 代持风险

代持是财产所有人基于各种因素,将财产由他人代为持有的一种安排。比如亲友之间代持股权、房产、金融理财产品等。常见的代持风险有代持安排是否合法,代持人擅自处分财产风险,代持人不承认代持关系等。值得注意的是,当代持人为个人情形下,会面临同自然人一样的风险,比如,代持人婚姻风险,离婚时配偶要求分割被代持资产;代持人继承风险,代持资产作为代持人的遗产被处理;代持人债务风险,代持人的债权人对代持财产提出权利主张等,都可能影响代持财产和实际财产所有人的利益。

通常认为人身风险比财产风险更为重要,需要注意的是,各风险并不是完全独立的,可能交织叠加出现,不同风险因素组合的影响也不同。比如,在离婚过程中发生的继承,若无提前财产安排,最终离世者的财产就可能分给了其不想给的人。不同风险在不同类型客户中的具体体现也是不同的,比如,对企业家来说,若存在个人企业账户混同、从企业提取资金等情形，就会涉及家业企业不分，导致债务无法有效隔离，风险传至个人或家庭。

对于具体个体和家庭而言，每个人的风险偏好、风险发生概率，以及风险影响程度是不同的。不同时点、不同阶段，人们对风险的评估结果也会发生变化。为此，需要定期复盘、更新风险要素及其风险评估结果，尤其是涉及权属、身份关系发生变化的关键时点。

在进行风险要素评估时，有个关键问题，就是我们的个人目标是什么。目标不同，风险偏好和风控措施也不尽相同。我们到底想要什么，是物质财富积累，还是身心健康，抑或和谐家庭关系。目标选择不同，我们愿意接受哪些风险以及接受程度也不同。针对同一个风险，有些人是风险厌恶型，会选择回避风险；有些人则是激进型，会选择接受更大风险。

马律师专业提示

毫不夸张地说，在当今社会，财富管理是所有个人和家庭都需要学习和了解的。希望您重视财富管理，进行专业合理规划、管理风险，做到“未雨绸缪、遇事不慌”。

与信托相关的法律规范有哪些

赵先生想自己看看关于信托的具体法律规定,想知道与家族信托相关的法律规定有哪些?

专业解析

信托是一种重要的财产管理和保护工具,在我国法律体系中有一系列规定来规范信托的设立、运作和监管。目前针对信托和信托业,最主要,也是最常用的几个规定包括《信托法》《信托公司管理办法》《关于规范金融机构资产管理业务的指导意见》《关于加强规范资产管理业务过渡期内信托监管工作的通知》《全国法院民商事审判工作会议纪要》《民法典》《中国银保监会关于规范信托公司信托业务分类的通知》等。

◉《信托法》(2001年10月1日施行)

《信托法》是中国信托业的基本法律,对信托的定义、信托财产、信托的设立条件、信托当事人权利义务、信托财产的管理和运用、受益人权益保护、信托终止等内容进行了详细规定,为信托业的发展提供了法律保障。

◉《信托公司管理办法》(2007年3月1日施行)

《信托公司管理办法》是中国对信托公司经营管理的具体规定。该办法对信托公司的准入条件、资本金要求、经营范围、风险控制、内部管理等进行了规范,以保证信托公司的合法经营和稳健运营。

◉《关于规范金融机构资产管理业务的指导意见》(银发〔2018〕106号)(2018年4月27日施行)

《关于规范金融机构资产管理业务的指导意见》是为了规范金融机构资产管理业务,包括信托业务在内。该指导意见明确了金融机构在开展资产管理业务中的基本要求、风险防控措施、信托产品设计等，以促进资产管理业务的健康发展。

◉《关于加强规范资产管理业务过渡期内信托监管工作的通知》（信托函〔2018〕37号）（2018年8月17日施行）

《关于加强规范资产管理业务过渡期内信托监管工作的通知》是为了加强对资产管理业务过渡期内信托的监管。通知明确了资产管理业务过渡期内信托的分类管理和监管要求，以加强对信托公司的风险防范。

◉《全国法院民商事审判工作会议纪要》（法〔2019〕254号）（2019年11月8日施行）

《全国法院民商事审判工作会议纪要》是全国人民法院对民商事审判工作进行总结和指导的文件，其中也涉及信托领域。该会议纪要强调了对信托案件的审理要点和操作规范，包括对信托合同、受托人职责、受益人权益等方面的审查和保护。

◉《中华人民共和国民法典》（2021年1月1日施行）

《民法典》中对遗嘱信托有所体现。

◉《中国银保监会关于规范信托公司信托业务分类的通知》（银保监规〔2023〕1号）（2023年6月1日施行）

《中国银保监会关于规范信托公司信托业务分类的通知》是原银保监会对信托公司信托业务分类的规定，旨在加强对信托业务的监管。通知明确了信托业务的分类标准和监管要求，信托公司应当以信托目的、信托成立方式、信托财产管理内容为分类维度，将信托业务分为资产服务信托、资产管理信托、公益慈善信托三大类。家族信托属于资产服务信托中的财富管理服务信托。

马律师专业提示

以上这些规定涵盖了信托的设立、运作、监管等方面，为信托业的发展提供了法律基础和指导。在实际操作中，信托公司和相关机构应遵守这些规定，加强风险管理和内部控制，确保信托业务的合规性和稳健性。与家族信托等财富管理服务信托最直接相关的，主要包括《信托法》《关于加强规范资产管理业务过渡期内信托监管工作的通知》《中国银保监会关于规范信托公司信托业务分类的通知》。当受托人为信托公司还要遵守《信托公司管理办法》等相关规定。

后记　我在信托这十年

作为一名信托圈内人，我有幸见证了信托在我国近 10 年的发展。尤其是自 2017 年以来，金融监管趋强，资管新规、信托新分类等新规的颁布，房地产信托频繁暴雷等，加速了信托业的行业转型。在这个过程中，我深刻体会到了信托行业的变化和挑战，探索发展家族信托、保险金信托等财富管理服务信托，是信托行业的一个重要方向，也是财富管理市场的客户需求体现。在从 2013 年到 2023 年的 10 年中，我不断积累这方面的专业知识和实践经验。

2013 年，中国信托业的资产总规模达到了 10.91 万亿元，超过了 10 万亿元大关。这一年对我来说具有特殊意义，因为这是我加入中融信托法律事务部的年份。那时的信托业主要以“通道、信政、房地产”三驾马车为主，而我对信托法律关系，就像发现了新大陆一般，充满了好奇和热情。

在中融信托法律事务部的工作中，我主要负责信托项目的法律合同审查。2013 年年底，我国家族信托业务正处于发展初期，被誉为“家族信托元年”。我有幸从家族信托刚开始发展的第一年就参与了家族信托的研究工作，这让我不仅积累了对家族信托的研究，更是积累了对信托制度的深入研究。这些研究对我理解信托的本质和运作机制发挥了重要作用。

2014 年，我从法律事务部转到了家族办公室，成为了家办的第一批工作人员。那时，同事们戏称我们是部门“鼻祖”。与传统投融资信托不同，家族信托更需要对信托制度的深入理解和灵活运用。我需要回到很多基础性、根本性问题上，比如考虑委托人、受益人、受托人各自的权利义务，考虑在不同情形下如何操作，考虑立场，考虑时间动态变化，等等。研究问题，让我对信托法律关系有了更深刻的认识。除了研究工作，我主要负责与私人银行合作推进家族信托、保险金信托业务。在具体业务开展过程中，我参与了授课培训、客户沙龙、客户陪谈、项目尽调、方案设计、合同起草等。这些工作不仅锻炼了我的实务能力，也加深了我对信托业务的全面理解。

可以说，那段时间为我信托理论学习打下了坚实基础，直到现在我也仍受益匪浅。我学会了如何将理论知识应用到实际工作中，如何与客户沟通，如何解决实际操作中的问题。

2015 年，我加入国投泰康信托合规与风险管理部，任合规主管，主要做信托项目的法律合规评审、合同审查等工作。2016 年，我加入中信信托合规管理部任合规主管，主要参与信托项目的法律合规评审、合同审查和法律合规管理，具体包括项目法律尽职调查、交易结构设计、法律合规风险审查、合同审查、项目推介审核、过程管理、风险处置等，业务涵盖房地产、银信、信保、城投、保险金信托、家族信托业务等。业务范围包括信托公司固有业务和信托业务。

总的来说，我在信托公司的法律合规工作经历，为我提供了丰富的信托业务知识和实践经验。我参与审查的项目超过 1000 个。我熟悉信托项目的全过程，从项目立项、尽职调查、交易结构设计、合同审查到项目推介审核、过程管理等，我积累了丰富的经验和知识。这些经验和知识对我的职业发展有着深远影响，让我能够更好地理解和解决客户的法律问题，提供专业的法律建议和服务。

2021 年，我进行了职业调整，开始迎接新挑战，从信托公司出来担任律师。在新的职业角色中，我深刻体会到法律专业知识和信托实践相结合的重要性。作为一名律师，我有责任帮助客户理解信托的复杂性和多样性，以及如何在法律框架内使信托的效益最大化。担任律师让我了解到更多的市场需求，听到更多客户的诉求。随着客户对信托认识的深化，他们开始寻求更个性化和全面的服务方案。在这个过程中，我不仅要解释信托的法律属性和运作机制，而且要帮助他们理解信托的应用。我通过案例分析和法律解析，让客户明白信托不仅是一种金融工具，更是一种可以实现长期财富目标和家庭价值的策略。

家庭财富管理确实是一个广泛而深刻的话题，它涉及个人和家庭的财务规划、投资策略、退休规划、遗产规划等多个方面。无论财富多寡，财富管理都是实现财务安全、提高生活质量的重要手段。对普通家庭而言，财富管理同样重要，因为它关乎家庭的稳定和幸福。

在家庭财富管理中，知识就是力量。了解基本知识，可以帮助个人或家庭作出更明智的决策。借鉴他人的成功经验和吸取失败的教训是学习的重要途径。成功案例可以提供实际的操作模式和策略，而失败的教训则可以帮助我们避免犯同样的错误。通过不断学习和实践，我们可以逐步提升自己的财富管理能力。在掌握了财富管理的基本规律后，家庭可以更自信地规划未来。

回首我在信托这 10 年，在 2013 年，客户问得最多的问题是“信托是否保本保收益”。彼时，信托往往被当作一种理财产品。而如今，人们开始更多地关注信托的功能价值，比如“信托是否能实现资产保护与传承作用”。这些问题的普遍性激发了我写本书。我希望能为大家在家庭财富传承上提供一些有益的指导和帮助。在未来的职业道路上，我将继续致力于信托法律领域的研究和实践，不断提升自己的专业能力。我也期待与同行们进行更多的交流和合作，共同推动信托法律领域的发展。

在本书的出版过程中，我得到了许多朋友的帮助，他们的支持是我能够顺利完成这本书的重要因素。首先，我要向中国社会福利与养老服务协会法律分会副会长、中信改革发展研究基金会研究员张偲博士表达我最深的谢意。他的引荐使我得以与法律出版社建立联系。没有他的介绍，这本书的出版可能就不会如此顺利。我深感幸运，因为在我职业生涯中，总能遇到愿意帮助我的贵人。

其次，我要感谢法律出版社法治与经济分社社长助理陈妮博士和法律出版社其他编辑老师。他们在整个出版过程中给予了我极大支持。陈编辑与我多次进行深入沟通，对我的稿件反复审阅和修改。他们对工作的细致和专业让我深受感动，也让我对出版流程有了更深的理解。

我还要感谢实习生林茵嘉同学，她帮我仔细校对稿件。她的努力和贡献对本书的质量提升起到了重要作用。

此外，我要感谢那些在过去的工作中与我合作的同事和客户。他们的信任和支持让我有机会积累丰富的实践经验。这些经验成为本书的重要内容。由于保密性的要求，我不能在这里公开感谢他们，但我对他们有着真挚的感激之情。

最后，我要对书中可能存在的疏漏或不足向读者表示歉意。我真诚地希望读者能够指出书中的问题，无论是内容上的错误，还是观点上的不足。我愿意接受大家的批评和建议，并希望借此机会与读者进行更多的交流和探讨。

再次感谢所有给予我帮助和支持的人。

我期待与更多的人分享我的知识和经验，共同推动信托行业的发展。谢谢大家！

马红海

2024 年 3 月